谨以此书献给

广东省文物考古研究所三十周年

广东省文物考古研究所 编

浮滨掇英

广东大埔、饶平原始瓷发现与研究

李伯谦

上海古籍出版社

图书在版编目(CIP)数据

浮滨撷英:广东大埔、饶平原始瓷发现与研究/广东省文物考古研究所编.—上海:上海古籍出版社,2020.9

ISBN 978-7-5325-9748-2

Ⅰ.①浮… Ⅱ.①广…… Ⅲ.①原始瓷器–研究–广东 Ⅳ.①K876.34

中国版本图书馆CIP数据核字(2020)第168978号

浮滨撷英

广东大埔、饶平原始瓷发现与研究

广东省文物考古研究所 编

上海古籍出版社出版发行

(上海瑞金二路272号 邮政编码200020)

(1)网址:www.guji.com.cn

(2)E-mail:guji1@guji.com.cn

(3)易文网网址:www.ewen.co

上海雅昌艺术印刷有限公司印刷

开本889×1194 1/16 印张7 插页58 字数161,000

2020年9月第1版 2020年9月第1次印刷

ISBN 978-7-5325-9748-2

K·2903 定价:158.00元

如有质量问题,请与承印公司联系

目 录

序 一 ·· 徐天进 i
序 二 ·· 曹 劲 iv
前 言 ··· v

第一章 概述 ·· 1
第二章 饶平县浮滨文化发掘品 ··· 3
第三章 大埔县浮滨文化发掘品 ·· 21
第四章 大埔、饶平、丰顺浮滨文化采集品 ··· 51
第五章 结语 ··· 61

附录一 大埔浮滨文化黑釉原始瓷工艺的初步研究
········ 周雪琪 崔剑锋 吕竑树 陈天然 肖红艳 李 岩 邓亿娜 谢 俊 67
附录二 浮滨文化的研究史 ··· 邱立诚 79
附录三 回忆浮滨文化遗存发现和发掘的几件事 ······························· 邱立诚 93

后 记 ··· 99

插 图 目 录

图一　饶平县古墓葬位置示意图 …………… 3
图二　饶平 M1 平面图 …………… 4
图三　饶平 M1 出土陶器 …………… 6
图四　饶平 M2 平面图 …………… 8
图五　饶平 M2 出土陶器 …………… 9
图六　饶平 M3 出土陶器 …………… 10
图七　饶平 M9 出土陶罐 …………… 13
图八　大埔县古墓葬位置示意图 …………… 21
图九　大埔 M1 平面图 …………… 22
图一〇　大埔 M1 器物图 …………… 23
图一一　大埔 M2 平剖面图 …………… 25
图一二　大埔 M2 出土石锛 …………… 25
图一三　大埔 M3 平剖面图 …………… 26
图一四　大埔 M3 出土陶豆 …………… 26
图一五　大埔 M4 平剖面图 …………… 27
图一六　大埔 M4 出土器物图 …………… 27
图一七　大埔 M5 出土小型尊 …………… 28
图一八　大埔 M6 平剖面图 …………… 29
图一九　大埔 M6 出土石器 …………… 29
图二〇　大埔 M7 平剖面图 …………… 30
图二一　大埔 M7 出土器物 …………… 31
图二二　大埔 M8 平剖面图 …………… 32
图二三　大埔 M8 出土石戈 …………… 32
图二四　大埔 M9 平剖面图 …………… 33
图二五　大埔 M9 出土陶壶 …………… 33
图二六　大埔 M10 平剖面图 …………… 34
图二七　大埔 M10 出土器物 …………… 35
图二八　大埔 M11 平剖面图 …………… 36
图二九　大埔 M12 平剖面图 …………… 37
图三〇　大埔 M12 出土器物 …………… 37
图三一　大埔 M13 平剖面图 …………… 39
图三二　大埔 M13 出土器物 …………… 40
图三三　大埔 M14 平剖面图 …………… 40
图三四　大埔 M15 平剖面图 …………… 41
图三五　大埔 M15 出土陶罐 …………… 41
图三六　大埔 M16 平剖面图 …………… 42
图三七　大埔 M17 平剖面图 …………… 42
图三八　大埔 M17 出土陶罐 …………… 43
图三九　大埔 M18 平剖面图 …………… 43
图四〇　大埔 M18 出土石锛 …………… 44
图四一　大埔 M19 平剖面图 …………… 45
图四二　大埔 M20 平剖面图 …………… 46
图四三　大埔 M20 出土玉石器 …………… 46
图四四　大埔 M21 平剖面图 …………… 47
图四五　大埔 M22 平剖面图 …………… 48
图四六　大埔 M22 出土器物 …………… 49
图四七　粤境浮滨文化器物型式简图之一 …………… 64
图四八　粤境浮滨文化器物型式简图之二 …………… 64
图四九　粤境浮滨文化器分期简图 ………… 65

附录一

图一　大埔枫朗镇黑釉陶瓷器考察 ………… 68
图二　大埔县馆藏的部分浮滨文化黑釉陶器
　　　………………………………………… 69
图三　黑釉 CaO、Fe$_2$O$_3$ 含量分析 ………… 72
图四　低倍数下部分器物黑釉的显微观察
　　　………………………………………… 73
图五　不同釉（陶衣）质情况的器物举例
　　　………………………………………… 73
图六　工艺痕迹举例 ……………………… 76
图七　刻划符号举例 ……………………… 76

附录二

图一　饶宗颐教授题赠"浮滨文化" ……… 81

附录三

图一　普宁牛伯公山遗址考古发掘留影 …… 97
图二　曾骐教授等指导普宁牛伯公山遗址
　　　发掘 ………………………………… 97
图三　左面山顶部分为普宁牛伯公山遗址
　　　………………………………………… 97
图四　普宁牛伯公山遗址发掘场景之一 …… 97
图五　普宁牛伯公山遗址的蓄水池及沟渠
　　　遗迹 ………………………………… 97

图 版 目 录

图版一　浮滨文化原始瓷的釉色（一）
图版二　浮滨文化原始瓷的釉色（二）
图版三　饶平M1器物（一）
图版四　饶平M1器物（二）
图版五　饶平M1器物（三）
图版六　饶平M1器物（四）
图版七　饶平M1器物（五）
图版八　饶平M1器物（六）
图版九　饶平M2器物（一）
图版一〇　饶平M2器物（二）
图版一一　饶平M2器物（三）
图版一二　饶平M2器物（四）
图版一三　饶平M3器物（一）
图版一四　饶平M3器物（二）
图版一五　饶平M4器物（一）
图版一六　饶平M4器物（二）
图版一七　饶平M6器物（一）
图版一八　饶平M6器物（二）
图版一九　饶平M8器物（一）
图版二〇　饶平M8器物（二）
图版二一　饶平M8器物（三）
图版二二　饶平M8器物（四）
图版二三　饶平M9器物（一）
图版二四　饶平M9器物（二）
图版二五　饶平M9器物（三）
图版二六　饶平M10器物
图版二七　饶平M11器物（一）
图版二八　饶平M11器物（二）
图版二九　饶平M11器物（三）
图版三〇　饶平M11器物（四）
图版三一　饶平M11器物（五）
图版三二　饶平M13器物
图版三三　饶平M14器物（一）
图版三四　饶平M14器物（二）
图版三五　饶平M15器物（一）
图版三六　饶平M15器物（二）
图版三七　饶平M15器物（三）
图版三八　饶平M16器物（一）
图版三九　饶平M16器物（二）
图版四〇　饶平M16器物（三）
图版四一　饶平M17器物
图版四二　饶平M18器物
图版四三　饶平M19器物
图版四四　饶平M20器物
图版四五　饶平M21器物
图版四六　大埔M1器物
图版四七　大埔M2、M3清理图
图版四八　大埔M4清理图和器物
图版四九　大埔M5器物
图版五〇　大埔M6、M7清理图

图版五一	大埔M7器物	图版七九	饶平县博物馆藏标本·戈、环
图版五二	大埔M8、M9清理图	图版八〇	广东省博物馆藏标本·尊
图版五三	大埔M10清理图和器物	图版八一	广东省博物馆藏标本·豆
图版五四	大埔M11、M12清理图和器物	图版八二	广东省博物馆藏标本·豆、带把壶
图版五五	大埔M13清理图和器物	图版八三	广东省博物馆藏标本·带把壶、圈足壶
图版五六	大埔M14清理图和器物		
图版五七	大埔M15、M16、M17、M18清理图	图版八四	广东省博物馆藏标本·壶
图版五八	大埔M19清理图和器物	图版八五	广东省博物馆藏标本·壶、罐
图版五九	大埔M20清理图和器物	图版八六	广东省博物馆藏标本·矛、戈
图版六〇	大埔M21、M22清理图	图版八七	广东省博物馆藏标本·戈
图版六一	饶平县博物馆藏标本·尊(一)	图版八八	广东省博物馆藏标本·锛(一)
图版六二	饶平县博物馆藏标本·尊(二)	图版八九	广东省博物馆藏标本·锛(二)
图版六三	饶平县博物馆藏标本·尊(三)	图版九〇	广东省博物馆藏标本·砺石、铜戈
图版六四	饶平县博物馆藏标本·尊(四)	图版九一	大埔县博物馆藏标本·尊(一)
图版六五	饶平县博物馆藏标本·尊(五)	图版九二	大埔县博物馆藏标本·尊(二)
图版六六	饶平县博物馆藏标本·尊(六)	图版九三	大埔县博物馆藏标本·壶(一)
图版六七	饶平县博物馆藏标本·豆	图版九四	大埔县博物馆藏标本·壶(二)
图版六八	饶平县博物馆藏标本·带把壶(一)	图版九五	大埔县博物馆藏标本·壶(三)
图版六九	饶平县博物馆藏标本·带把壶(二)	图版九六	大埔县博物馆藏标本·壶(四)
图版七〇	饶平县博物馆藏标本·圈足壶(一)	图版九七	大埔县博物馆藏标本·壶(五)
图版七一	饶平县博物馆藏标本·圈足壶(二)	图版九八	大埔县博物馆藏标本·壶、葫芦领罐
图版七二	饶平县博物馆藏标本·折肩罐(一)	图版九九	大埔县博物馆藏标本·豆(一)
图版七三	饶平县博物馆藏标本·折肩罐(二)	图版一〇〇	大埔县博物馆藏标本·豆(二)
图版七四	饶平县博物馆藏标本·葫芦领罐	图版一〇一	大埔县博物馆藏标本·豆(三)
图版七五	饶平县博物馆藏标本·钵	图版一〇二	大埔县博物馆藏标本·豆、钵
图版七六	饶平县博物馆藏标本·小壶、小釜	图版一〇三	大埔县博物馆藏标本·戈
图版七七	饶平县博物馆藏标本·矛、戈	图版一〇四	大埔县博物馆藏标本·矛、戈
图版七八	饶平县博物馆藏标本·戈		

序 一

徐天进

李岩先生告知,他近来费了一些功夫,重新收集、整理了20世纪70—80年代在大埔、饶平两县发掘的几处"浮滨文化"遗址的材料,并编辑成"报告性质"的图录——《浮滨撷英:广东大埔、饶平原始瓷的发现与研究》,即将付梓刊行,这实在是一大善举,可喜可贺!

"浮滨文化"是分布于粤东、闽西南地区先秦时期最重要的考古遗存。自20世纪30年代发现以来,经过几代考古人数十年的不懈努力,在该文化的年代、分布范围、文化特征及与周边文化的关系等一系列基础性的研究上都取得了十分可喜的成果。但由于发掘时期客观条件所限,已发表考古材料的质量并不尽如人意。一是材料的完整性不够,为数不多的几处重要墓地所出的遗物均未能完整发表;二是已发表的材料也只有线图和少量的黑白照片,而且图像的质量也不理想(这在早期的发掘报告中并非个别现象)。而这批资料对闽粤地区先秦时期考古学文化的研究又有着不可替代的重要价值,因此,重新整理并刊布这批资料也是所有关心该地区考古研究的学者的共同期待。

全书分五章。第一章为概述,详细介绍了本书著录遗物的出土背景和"浮滨文化"陶瓷器及玉石器的基本特征。第二章著录了饶平县塔仔金山、顶大埔山两处墓地共18座墓葬的随葬品,第三章著录了大埔县金星面山、屋背岭、斜背岭三处地点共22座墓葬的随葬品,第四章收录了饶平、大埔、丰顺三县博物馆及广东省博物馆藏的相关采集品,第五章为结语。书末附录三篇文章,一篇是周雪琪、崔剑锋等撰写的《大埔浮滨文化黑釉原始瓷工艺的初步研究》,通过对馆藏浮滨文化的部分黑釉原始瓷样品进行原位无损分析,对浮滨文化黑釉原始瓷的成型工艺及胎土和釉料特征进行了讨论。一篇是邱立诚("浮滨文化"发现和研究最重要的参与者)的《浮滨文化的研究史》,对"浮滨文化"的研究过程做了系统梳理,并详细介绍了广东、福建两省"浮滨文化"的重要发现;还有《回忆浮滨文化遗存发现和发掘的几件事》一文,回顾了发现、发掘的过程。通观全书,的确如编者所愿,很好地完成了"报告性质"图录的编辑初衷。资料部分严格以墓葬为单位进行整理,不论是完整的器物还是残破的器物均收录其中,对报告中曾介绍而现在未能找到的器物也做了客观的说明。照片的质量也很好,基本能够反映器物的原貌,并附有每座墓葬的平面图,为研究提供了极大的便利。在某种程度上,也可以说这是"浮滨文化"的又一部新的考古报告。

在详尽公布资料以外,作者还对"浮滨文化"的分期、源流等问题进行了讨论,并提出了一些新的观点。概括起来大概有以下几点:

第一,关于"浮滨文化"的分期和年代。作者通过对尊和折盘豆两类器物的类型学分析,将浮滨文化分为三期,其年代分别相当于商代的早、中、晚期。虽然现在还没有可靠的地层关系来证明这样的序列是否准确,但从该区域更长时段的考古学文化的谱系来看,其对年代的判断应该是可以成立的。

第二,关于"浮滨文化"的形成或部分文化因素的来源问题。作者基本同意魏峻之前提出的观点,并增加了带把壶、葫芦领造型及条纹装饰的器物等具体实例,说明"肩头弄者是屋背岭及浮滨文化带把壶的源头,不仅有类似的器形,而且陶器表面由人工涂抹黑皮的做法,可以视为酱色釉的前身"。还认为"戈在广东出现的时间稍晚于牙璋,牙璋可能是夏商之际至早商阶段传入并本地化的,而戈则可能是商代早中期才进入广东的"。这些意见不仅对认识"浮滨文化"的形成过程具有重要的参考价值,而且对讨论华东和华南地区先秦时期考古学文化的交流问题(东南沿海半月形文化带的形成问题)也有重要的启示意义。

第三,作者最后还就"浮滨文化"研究中存在的问题做了简要的论述。这些问题包括:年代学框架的继续完善;"浮滨文化"的去向及与"夔纹陶文化"的关系;原始瓷烧制技术的演变过程,即"着黑陶"——酱色釉原始瓷——黄绿色原始瓷的技术演变过程;闽粤地区原始瓷技术在中国瓷器起源阶段的地位等等。而要解决这些问题,仍需依靠今后有针对性地开展田野工作。居住遗址的调查和发掘(对"浮滨文化"的聚落几乎完全不了解)、陶瓷窑址的调查和发掘、以往发掘墓地的复查与勘探等应是未来田野考古的主要方向。由此可见作者对该学术课题的清醒认识,这使我们对"浮滨文化"研究的未来充满美好的期待。

该书的出版,不禁使我联想到以往的考古报告中陶器的著录问题。陶器在考古学研究中的重要作用早已为从业者所熟知,并津津乐道,但是当我们翻检发掘报告,不难发现,若同时有铜器、玉器或其他精美的遗物,陶器的图片通常都会排在后面,并多用黑白照片(拍摄和印制质量往往都不高),而且图片的尺寸也会小一些,即一版容纳多件器物,测绘图的质量也参差不齐。造成这种现象可能有多方面的原因。过去可能受限于经费的不足,因此需要尽可能降低印制成本,比如减少版面、用便宜的纸张、多采用单色印等等,但除此之外,排版次序的先后、图片尺寸的大小、资料处理的精细程度等,或许也暗含着作者对遗物价值的判断,在某种程度上反映了这些遗物在考古人心目中的真实地位,即考古人自己对陶器的重视程度似乎并没有说的那么重要?!报告所刊布的陶器信息应该客观反映诸如陶质、陶色、纹饰、制作和使用痕迹等内容,但遗憾的是并没有很好地做到这一点,这不能不说是对发掘资料的一种浪费。对报告中器物特征的认知只有发掘和整理者最清楚,而若不能从图像资料获取需要的信息,大多数阅读或使用者只能转而信从文字的描述,而我们都知道,对器物的文字描述迄今为止也没有统一的标准,因而带有描述者极强的主观性,可谓人见人殊。因此,一部合格的或高质量的发掘报告,理应有高质量的图像资料。

《浮滨撷英》基本上是以陶器为主的"报告性质"图录,和此前曾发表的报告相比,其优劣一目了然。我想说的是,在经济状况得到极大改善、技术条件日益成熟的今天,我们不妨改变一下以往的习惯做法,可以像对待青铜器、金银器和玉器等"珍贵文物"一样对待陶器,发表更多高质量的陶器图像资料,从而使陶器在考古学研究中的重要作用得到充分的发挥。

"浮滨文化"或因其偏居华南一隅,有极强的地域性特征,又无"惊人"的大发现,所以长久以来并未成为学界所普遍关注的焦点。对大部分考古学者而言,她依然是一种陌生的存在。该书的出版,当可增进更多学者对"浮滨文化"的了解,并引发关注和更广泛、深入的讨论。

前不久刚出版的《广东出土先秦青铜器》是对以往粤地出土青铜器资料的一次系统整理,《浮滨撷英》则是部分"浮滨文化"资料的集成,两书都由李岩先生主其事,虽然内容各异,但有一个共同点,即都是对"旧资料"的新发掘、新整理,当然还有在重新整理之后提出的新认识。李岩先生的劳动成果嘉惠于学林者,不止是为我们提供了可资利用的研究材料,同时还提醒我们,重新整理、出版"旧资料"的必要性、重要性和迫切性,并为此做出了很好的示范。今后如果有更多的机构或同仁可以仿而效之,对过去刊布内容不完整,或出版质量欠佳的发掘资料给予重新的整理和发表,那也是一件"让文物活起来"的工作,其价值亦不可小觑。

是为序。

2020年8月30日于沪上

序 二

曹 劲

《浮滨撷英：广东大埔、饶平原始瓷发现与研究》这本书得以面世，首先要感谢李伯谦老师、徐天进老师，两位先生的肯定和热情帮助，特别是学术上的指导，使我们的整理工作得以顺畅、高效地完成。在编纂的过程中，我们也屡屡想起饶宗颐先生，饶老在世时对浮滨文化研究持续的关注和关心，给我们带来莫大的动力。

考古学自诞生以来，或因新材料的发现，或因学者们对过往发掘资料的持续探索，不断刷新我们对自己过去的认知。粤境浮滨文化就是其中的一例。

浮滨文化遗存，其发现并命名虽然是上个世纪的事情，但在中国考古学研究不断进步的背景下，其新的价值也不断凸显出来：

根据今天的认识，以酱黑色釉原始瓷为特色的浮滨文化，分布于福建西南、广东东部，她的发现完善了这个地区商时期考古学文化的编年。

对于更为广泛的东南沿海地区夏商时期原始瓷与几何印纹陶文化区而言，她独具特色，她的发现同时也是中国酱黑色釉原始瓷最早的发现之一，她与浙、赣、闽交界处的着黑陶在技术传统上有着密切的联系，是着黑陶技术发展的承袭者。

众所周知，三代时期，中国出现了以北方中原地区为核心的青铜文明，西来的青铜冶铸技术在中原大地开花结果，成为东方世界的代表。东南地区的原始瓷为中国所自创，为三代时期重要的技术创新。浮滨文化原始瓷与印纹陶文化区中的其他遗存，共同构成了中国青铜文明多样性之壮丽多姿的历史画卷。

虽为原始瓷，但其对于世界历史也具有重要影响，这影响不仅仅囿于当时，乃至今日，乃至后世。正是从原始瓷发展起来的瓷器，成就了后来的海上陶瓷贸易；而当下"一带一路"所倡导的，依然是这种文明间的交流与促进、经济上的开放与共享。

今天的粤东地区仍然是中国著名的陶瓷产地与输出地。追远抚今，我们更觉责任之重大。研究先行。后续遗产的保护与开发利用等一系列课题，已摆在了我们面前，我辈将继续上下求索，砥砺前行。时值广东省文物考古研究所成立卅周年之际，谨以为序。

前　言

　　近些年,随着中国文明起源问题的逐步深入,南方地区相关印纹陶和原始瓷的考古发现又重新被学界所重视,浮滨文化即为代表之一。它是广东省商时期酱色釉原始瓷阶段的重要考古遗存,极具地方特色。20世纪七八十年代,大埔、饶平两县的发掘,更是重中之重。由于当时的客观条件所限,两批资料分别发表了考古简报,但仅见线图和少量黑白照片。由于原始瓷研究的特殊性,例如:原始瓷的釉色和平剖面图、所在墓葬的随葬品组合等,均发表得十分有限,显然无法满足当下研究的需求。正是在这样的背景下,我们将目前可以收集到的饶平县联饶、浮滨,大埔县之王兰墓葬发掘资料,尽可能全面、客观地发表,以满足学界之需。近期,李伯谦先生参加我所英德青塘发掘项目专家会期间,对广东浮滨文化资料刊印发表寄予了厚望;徐天进老师也给予了直接的支持。

　　2020年是我所成立30周年,为纪念我所三十华诞,并适应相关学术活动的需求,我所信保中心收集编写了《浮滨撷英》一书,期冀这些珍贵的资料能为日后科研所用,并引起学界应有的关注。为编好这本小书,广东省文物考古研究所信保中心成立了以刘春喜为组长的专门工作小组,成员包括邱立诚、陈以琴、李岩;其中刘春喜组长和陈以琴两位承担了大量的联系工作以及出土器物资料收集工作,邱立诚先生将大埔县当年的发掘资料全数提供出来;正是由于他们尽心尽责的努力,才使得几十年前的调查、发掘资料能够汇集一处。

　　本书的编写工作还有北京大学考古文博学院崔剑锋老师的团队,他们承担了这批原始瓷器物的检测和科技考古方面的研究;工作过程中,还有广东省博物馆、饶平县、丰顺县、大埔县、平远县博物馆等单位同行的大力支持和参与。

　　全书由李岩负责全部资料的核对工作并执笔;附录部分收录了邱立诚先生两篇文章以及崔剑锋老师团队的成果;力争在现有条件的基础上,较为完整地将以往的发掘经历和资料展现给读者。

　　本书的编排更接近考古报告的结构与特点,内容不仅仅限于原始瓷,而是尽可能地按照出土单位发表资料,这当中包括墓葬的平剖面图和原始瓷以外的出土器物等内容。

第一章 概　　述

　　这本书,严格说来不能说是考古报告,因为与考古报告相比,资料的完整性显然是不足的;但也不是一般意义上的图录,因为笔者努力想让研究者完整地了解处在一个单位中的这些器物,或许可以称之为带有报告性质的图录吧。本书编写的初衷是,尽量让过往积累的考古资料,在未来研究中能发挥些作用。

　　本书中所发表的标本,正如各章节所示,并非分别藏于各馆:饶平县者,除饶平M15:16在广东省文物考古研究所外,其他发掘所获器物均藏于广东省博物馆、饶平县博物馆;大埔县发掘品与采集品,均藏于大埔县博物馆。

　　由于条件所限,本书不能像考古报告般进行详尽的介绍,故此,笔者将书中的浮滨文化遗存的出土情况简要概述如下:饶平县及大埔县所发现的浮滨文化遗存均来自墓葬,丰顺县的少许馆藏为过往文物普查所采集。

墓　葬　简　况

　　已经发掘的墓葬,从形制来看,均为土坑竖穴墓,个别有二层台。墓穴普遍较浅,或位于山顶,或位于山坡之上;东北西南、西北东南走向均有,或与山坡走向相关。

　　随葬品摆放位于两侧者常见,器物组合中常见的是原始瓷尊、豆、壶,此三类器物也有陶质者;还有罐、盂、釜等;玉石器中戈、锛为大宗,偶见环、玦类玉器;青铜器仅采集到一件。饶平M1的墓坑规模和随葬品数量都显示出墓主具有一定的社会地位。其他墓葬随葬品少者1~2件,多为10件左右;饶平M1多达30余件。综合来看,墓葬之间是有等级差别的。

陶瓷器

　　无论是发掘还是采集,陶瓷中,酱色釉原始瓷占有一定的比例,其他陶器绝大多数是泥质陶,夹砂陶甚少,这或许与遗存性质为墓葬有关。截至目前,我们尚未发现浮滨文化的生活居址,这可能是夹砂陶甚少的原因之二。

　　浮滨文化的原始瓷,在过往的研究中也被称为釉陶器,笔者之所以将其称为原始瓷,原因主要有二:

其一，表面已经出现了人工施加的釉，而且其釉已经具有玻璃质反光的特性；

其二，有学者以近乎硅酸盐学定义的瓷器来对其进行定性，对此笔者有不同意见。以胎而言，烧成温度、吸水率均不足以作为瓷器产生初期的衡量标准，事实上应当以发现的材料排比来衡量是否为瓷器。以广东地区而言，浮滨文化之前，某些陶器的烧成温度早已突破千度，但未有人工施釉出现，因此不能将其归入瓷器之列，浮滨文化的原始瓷于胎而言，与陶器非常类似，在陶器向瓷器的发展链条中，具有明显的过渡性质。因此，在依据客观材料所建立的发展链条中，称之为原始瓷是恰当的。再举一历史时期的例子，广东唐代水车窑的胎也十分接近陶器，而且还普遍存在夹砂的现象，但根据其釉的情况，学界普遍认可其与越窑产品为同系统产品。

本书所见浮滨文化陶瓷器中的原始瓷，从断面及残留观察，其胎质与一般陶器十分接近，但其中并未见到如横岭山西周中期原始青瓷之胎。浮滨文化的釉色以酱色为主色调，颜色各异，常见有酱色、酱黑色以及酱色中杂有黄绿色等三种（图版一，图版二，1～2）。

施釉情况　从器表观察，有两个特点，一是从釉的滴流分析，绝大多数釉是从口部向底部流动并沉积的，说明是从口部向底部施釉的（图版一、4）；二是普遍通体内外施釉，但内壁釉薄，而外壁釉厚，有些底部未见釉（图版二，3～4）。

烧造情况　根据器表残留的烧结物分析，底部的烧结物可能预示有叠烧的情况，豆类口部烧结变形的情况也较为常见。

器物成型过程　通过观察，轮制痕迹非常多见，例如大型尊的领部有轮制时遗留下的排列均匀的平行弦纹。同时在领、肩、腹、底以及豆类等圈足器表遗留的粘接痕迹说明，许多器物是分段制造，然后粘接成型的。

器表装饰纹样　素面占有一定比例，排印纹饰是普遍的做法，最常见各种条纹状的拍印纹饰，偶见细方格纹等几何形纹饰。从纹饰而言，几何形纹饰稀少，显然，浮滨文化并不属于几何印纹系统。

器形和造型　常见的陶瓷器器形有大口尊、折盘豆、高把豆、圈足壶、带把壶、钵等；造型中，小平底和圈足器数量多，未见三足器。

陶瓷器上刻划符号较常见，有的刻划在烧制前，有的在烧制后，主要位于肩腹部，种类达10余种，涉及的器物有尊、豆、壶等。有学者研究认为：夔纹陶及米字纹陶文化时期，有些符号与浮滨文化符号十分接近，可能具有某种继承或延续关系。

玉石器

石戈形态多样，有个别标本与采集的青铜戈十分相似，显示出青铜器的稀少与被模仿之情况；T形环较为常见。

玉器数量和种类都很少，仅见数件环、玦类制品。

以上简要概述了总体情况。第二章、第三章则以墓葬为单位，逐一介绍。第四章则为采集品。

第二章　饶平县浮滨文化发掘品

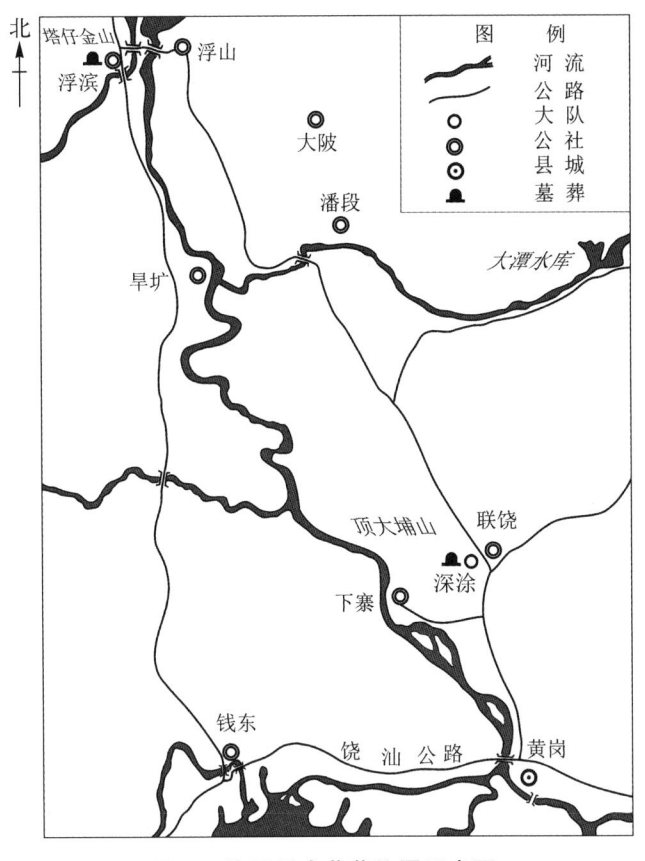

图一　饶平县古墓葬位置示意图

1974年，饶平县浮滨公社桥头大队塔仔金山、联饶公社深涂大队顶大埔山（图一）分别发现了一批石器、陶器，后经广东省博物馆、饶平县文化局共同发掘，并在《文物资料丛刊》上发表简报。出土文物收藏于三家单位：广东省博物馆、广东省文物考古研究所，以及饶平县博物馆。

从目前广东省博物馆提供的器物照片以及登记文字核查，发掘的21座墓葬来自浮滨公社桥头大队塔仔金山和顶大埔山的墓葬；本章和第三章介绍出土自前述21座墓葬的各种质地器物，其他采集的器物归入第四章；前述墓葬中的出土器物，也有些仅仅可以落实到单位编号，而无法落实到具体的器物序号。这类器物在介绍时，用编号M1：？A（藏品号）表示，如采自简报，则用M1：n（简报）表示。塔仔金山共有墓葬16座，编号M1～M16，可寻找到器物的单位有：M1～M4、M6、M8～M11、M13～M16，共13座墓葬。根据简报，可见M1和M2墓葬平面图。顶大埔山共有墓葬5座，编号M17～M21，各个单位都可寻找到随葬品。两处地点的随葬品，通过比对简报平面图等过往资料，均不齐全。特此说明。

塔仔金山

塔仔金山所发掘墓葬，除M1位于山顶外，其余分布在山腰的周围。未见墓葬分布总平面图。根据简报记载，可以确定M1、M2未被破坏。所见墓坑深度，除M1深达3.6米外，其余都在

0.8～1.2米左右。墓坑结构可分两类：一类是有二层台者，仅见两座，为M1和M6，其他均为无二层台的土坑墓。M1原简报所述墓坑尺寸有误，根据简报测量，墓坑长约4.2、宽2.9米，二层台长2.6、宽1.08、深1米；同理推断，M6墓坑与二层台尺寸亦有误，更正为：墓坑长2、宽0.95米，墓坑底部为斜坡状，南端深0.2、北端深0.3米，二层台长1.7、宽0.45米。所有墓葬均见葬具报道。其他墓葬墓坑大小不一，长在1.2～2、宽在0.6～1.2米范围内。

随葬品多寡不同，多者如M1，36件；少者仅1件。常见的陶瓷器有尊、壶、豆、罐等，玉石器有石戈、石锛等。

以下按照墓葬单位介绍之。

M1

墓葬形制及尺寸见前述(图二)。该单位根据原简报记载，共有36件随葬品，实际可寻找到照片者21件，有器物照片及线图者共23件，据简报所述另有13件无照片及线图。有器物照片

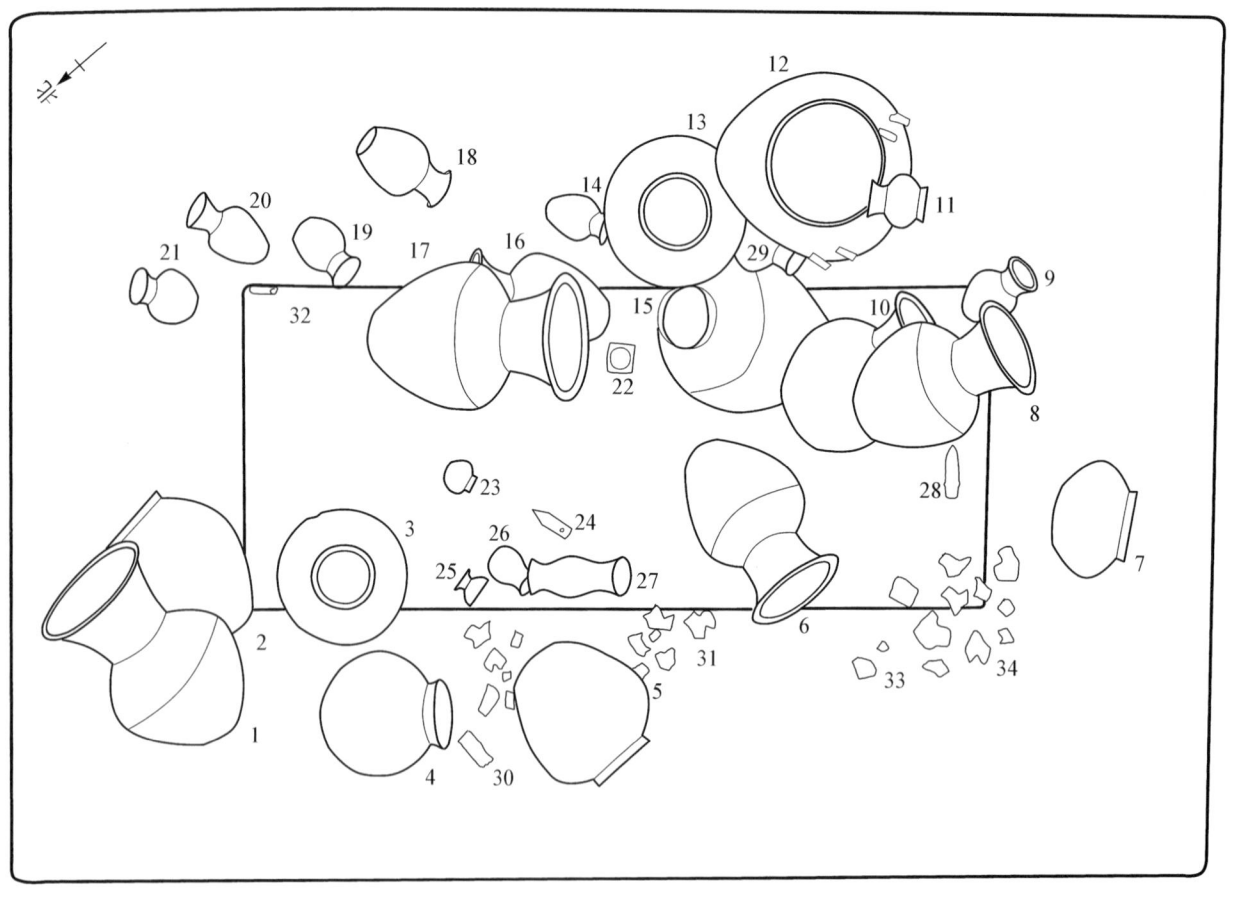

图二　饶平M1平面图

及线图的23件器物中,无法确定编号者4件。无法确定编号的器物,在线图和图版中,以M1:?A~E表示,来自简报的器物线图以M1:n(简报)表示(全书均以此方式表示)。另,经过核对,M1平面图中之M1:22,图例中标注为石璧,文字介绍为石环,应为同一件器物。

现存器物 酱色釉原始瓷有大、中、小型尊、豆、壶、釜形罐、盂、平底罐、釜,石器有戈、锛、凸齿环。分述如下:

陶瓷器

大型尊

标本M1:?E。泥质橙红陶,方唇,平折沿,高领大敞口,斜肩,最大径在肩部,深腹,腹壁较斜,直接接平底。领以下饰条纹。高67、口径35.5厘米(图三、1)。

标本M1:8。领口部残。泥质橙红陶胎,斜折肩,肩部表面微外鼓,深腹,腹上部有一周浅凹槽,腹壁相对斜直,至靠近底部再向内收,接饼状小平底,底周围有轮旋痕迹。领以下饰条纹,肩部残存1枚乳钉。从器表残存情况观察,酱色釉大部分脱落。残高59、底径10厘米(图版三、1~2)。

中型尊

标本M1:1。方唇,平折沿,高领大敞口,领下有一道凸棱,斜肩,扁浅腹,腹斜,直接接饼状小平底。肩有3枚乳钉。领以下器身饰条纹。器身通体施酱色釉。高39.5、口径24.7厘米(图三、2)。

标本M1:14。现存领部以上残,简报图六之5为该标本,可见全貌。泥质橙黄陶胎,方唇平沿,敞口,领较直,领部与器身结合处有一道凸棱,斜肩,深腹,腹壁相对斜直,至靠近底部再向内收,接饼状小平底。肩饰3枚乳钉,自领以下饰条纹,器身部位相对较浅。底部外侧似有编织物印痕。器表酱色釉大部分脱落,残高18、底径7厘米(图三、3,图版三、3~4)。

标本M1:18。可复原。泥质橙黄陶胎,圆唇,平折沿,敞口,高领,折肩,深腹,斜微弧腹壁,接饼状小平底。领以下饰条纹。器身通体施酱色釉,已脱落。高28厘米(图版四、1~2)。

标本M1:21。泥质橙黄陶胎,尖圆唇,平折沿近外翻,高领,肩领结合处有一周凸棱,折肩,腹较深,腹壁略外鼓,接饼状小平底。领以下饰条纹。器身通体施酱色釉,大部分脱落。高22.5、口径12.8厘米(图三、4,图版四、3~4)。

标本M1:29。泥质橙黄陶胎,圆唇,平折沿,高领,腹较深,腹壁上部较直,下部内收,接饼状小平底。领以下饰条纹。器身通体施酱色釉,大部分脱落。高26.5、底径6厘米(图版五、1~2)。

小型尊

标本M1:9。泥质橙黄陶胎,尖圆唇,平折沿,高领,领腹结合处有一周凸棱,扁折腹,饼状平底。领以下饰条纹。器身通体施酱色釉,大部分脱落。高14.5、口径11.1厘米(图三、5,图版五、3~4)。

标本M1:20。泥质橙红陶胎,较厚,圆唇,敞口高领,领中部略呈亚腰状,斜折肩,腹壁斜,直接接平底,腹下部有三周凸棱。器身通体施酱色釉,相当部分已经脱落。底部有烧制粘结物。高10、口径6厘米(图版六、1~2)。

图三　饶平 M1 出土陶器

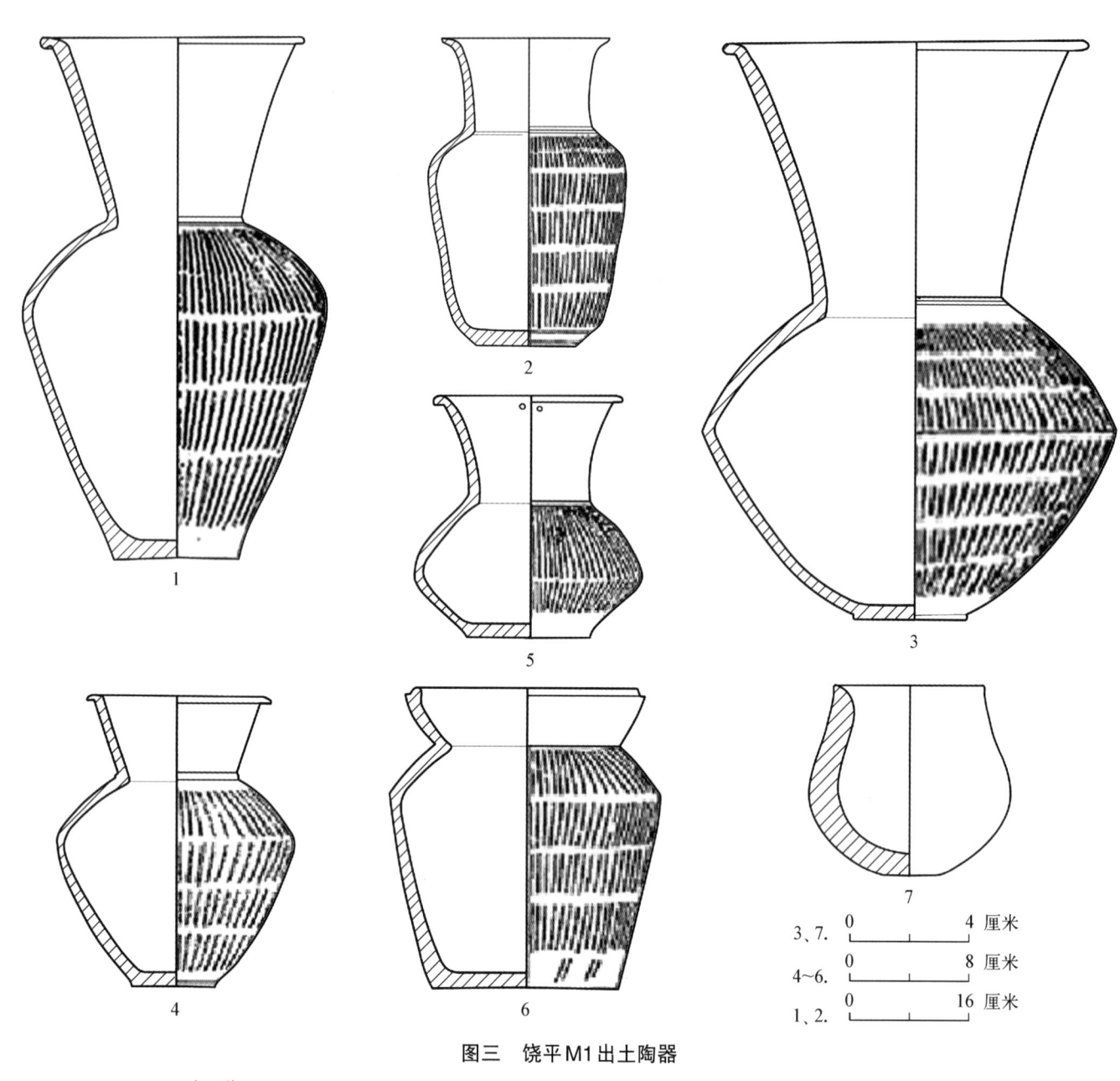

1. 大型尊（M1：?E）　2～4. 中型尊（M1：1、14、21）　5. 小型尊（M1：9）　6. 平底罐（M1：19）　7. 盂（M1：31）

壶

标本 M1：27。从脱落釉处观察，泥质橙黄陶胎，尖圆唇，敞口高领，圆肩深腹，平底接矮圈足，足端外平折。口沿穿两个小孔，为上釉前完成，领以下饰条纹。器内外施酱色釉，色偏黄。高 27、口径 10.3 厘米（图版六、3）。

标本 M1：11。泥质橙黄陶，尖圆唇，敞口高领，领中部微外凸，扁鼓腹近折，小平底。腹上部为浅条纹，下部为四周凹弦纹。口径 11.5、高 7.8 厘米（图版六、4～5）。

平底罐

标本M1∶19。泥质橙黄陶,尖圆唇,敛口,宽折沿,折肩,腹较深,平底。沿以下饰条纹。高18、口径12.5厘米(图三、6)。

釜形罐

标本M1∶?B(甲2389)。泥质灰硬陶,尖圆唇,宽折沿,沿面略内凹,扁鼓腹近折,小平底。底部有轮制痕迹。器壁外侧有圆点状酱色釉滴。高6.5、口径7.5厘米(图版七、1～2)。

盂

标本M1∶31。夹砂灰褐陶,圆唇,口微敞,鼓腹,圜底。素面。高6、口径5.5厘米。如此小个体,应为明器(图三、7,图版七、3)。

标本M1∶?A(甲2393)。夹砂灰褐陶,残甚(图版七、4)。

小釜

标本M1∶?C(甲2394)。夹砂灰褐陶,圆唇,沿微卷,腹近直,圜底。素面。高5、口径5厘米。如此小个体,应为明器(图版七、5)。

豆

标本M1∶25。从脱落釉处观察,泥质橙黄陶胎,尖圆唇,口微敞,盘壁上部直,内折接弧形腹壁,小平底,矮圈足外撇。内外壁通施酱色釉,有少许脱落。高6、口径8厘米(图版七、6～7)。

石器

凸齿环

标本M1∶22。圆形,外缘有四个方形凸齿,截面为外圆内直。通体磨光。直径8、厚0.5厘米(图版八、1)。

戈

标本M1∶32。器形宽大,似圭状,援较内宽,中起脊。无穿,前出收锋。通体磨光。长32.5、宽10.8、厚0.8厘米(图版八、2)。

标本M1∶28。有栏,栏中有一圆穿,援隆背有棱,三角形锐锋,两侧有刃。通体磨光。长21.8、宽5.4、厚0.6厘米(图版八、3)。

标本M1∶24。内部稍宽,援中起脊,三角形锐锋,两侧有刃,内有一穿。通体磨光。长18.1、宽5.3、厚1厘米(图版八、4)。

锛

标本M1：30。长身，刃端略宽于柄端，刃部有使用破损痕迹。通体磨光。长15.2、刃宽4.5厘米（图版八、5）。

标本M1：36。长身，截面成橄榄核形，中部至刃残断。表面风化。残长11、刃宽7厘米（图版八、6）。

M2

长方形土坑竖穴墓，从简报上测得长约1.8、宽约1米（图四）。根据原简报记载，共有14件随葬品，实际可寻找到照片者11件，缺失M2：2尊、M2：9~10粗陶罐。

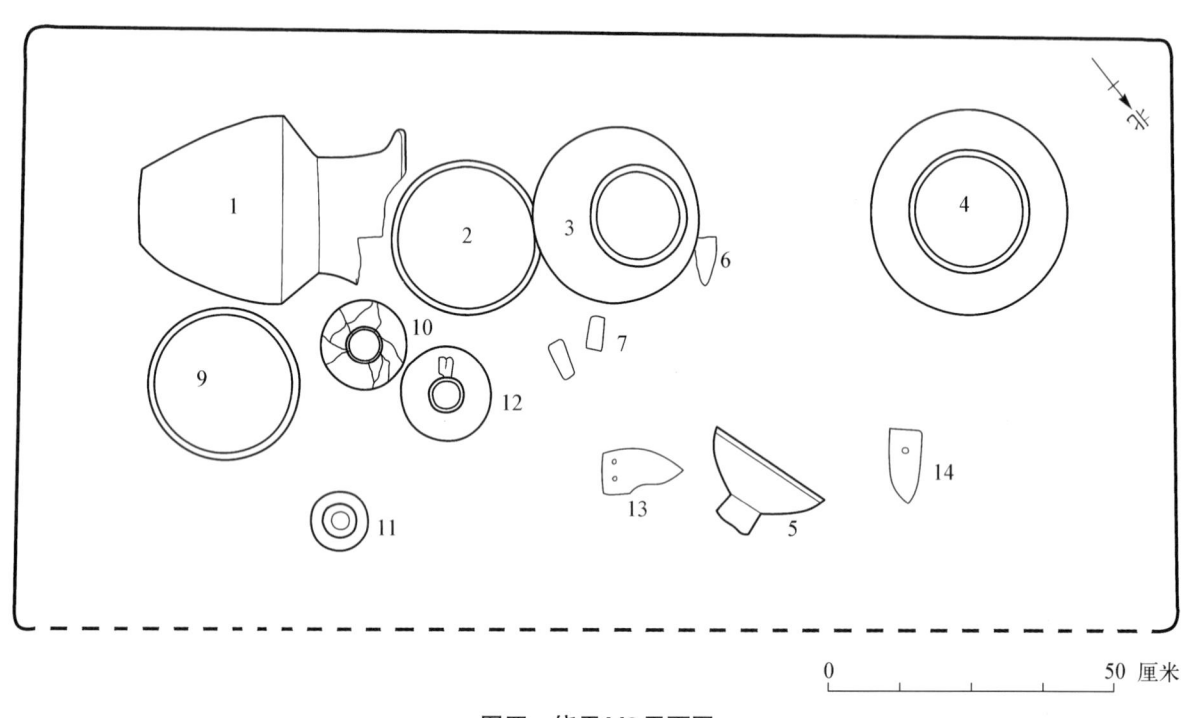

图四 饶平M2平面图

现存器物 酱色釉原始瓷有大、中型尊、豆、钵、壶、盂和釜形罐、平底罐，泥质或夹砂陶有盂，石器有戈、锛。分述如下：

陶瓷器
大型尊

标本M2：1。泥质橙黄陶，圆唇，平折沿，高领大敞口，折肩，最大径在肩部，深腹，腹壁较斜，直接接平底。领以下饰条纹，底部有编织物印痕。高45、口径31厘米（图版九、1~2）。

中型尊

标本M2:4。泥质橙黄陶胎,圆唇,平折沿,高领大敞口,折肩略下溜,最大径在肩部,深腹,腹壁较斜,直接接平底。领以下饰条纹,底部稍残。领部有少许釉残留。高28、口径18.5厘米(图版九、3~4)。

带把壶

标本M2:12。泥质橙黄陶,圆唇,敞口有流,高领,扁鼓腹,圜底。领至腹部装有把,把手及腹上部有圆饼状装饰,领部以下通体饰条纹。高11.8、口径7.2厘米(图版一〇、1~3)。

豆

标本M2:5。泥质橙红陶胎,尖圆唇,敞口,盘壁略内凹且折,圜底,接圆台形圈足,足底沿外折。近口部有两组穿孔,每组两个。釉脱落。高12.5、口径14.5厘米(图五、2,图版一〇、4)。

钵

标本M2:2。泥质橙红陶,火候高,与标本M2:5豆盘形态类似,贴小平底,素面。高13、口径24.5厘米(图五、1,图版一一、1~2)。

盂

标本M2:11。泥质橙黄陶,火候较高,圆唇,敞口,垂折腹,较深,贴塑小平底。口部有两对称穿孔,素面。高9、口径7厘米(图五、3,图版一一、3~4)。

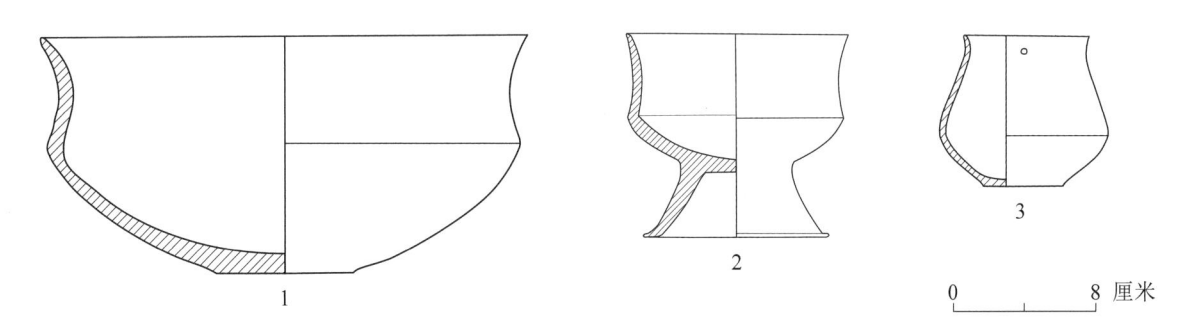

图五 饶平M2出土陶器

1.钵(M2:2) 2.豆(M2:5) 3.盂(M2:11)

石器

矛

标本M2:6。体薄,器身近三角形。长9.2、宽4.8、厚0.5厘米(图版一二、1)。

标本M2∶13。体薄,器身略长,尾部有两穿孔。长14.7、宽7.5、厚0.5厘米(图版一二、2)。

戈

标本M2∶14。短宽援,锋部稍残,内有一穿。长12.6、宽6.2厘米(图版一二、3)。

镞

标本M2∶7。长身,单面平刃。长6.5、宽2.1、厚0.6厘米(图版一二、4～5)。

标本M2∶8。器形同上,稍宽。长5.5、宽2.3厘米(图版一二、6)。

M3

可找到线图和照片的器物共5件,除陶瓷器外,有1件石器。无平剖面图,无墓葬登记表。

陶瓷器

大型尊

标本M3∶4。泥质橙黄陶,圆唇,折沿略外翻,高领,鼓腹且深,贴小平底。领以下为条纹,近底有一周凸棱。高34、口径17.7厘米(图六、1,图版一三、1～2)。

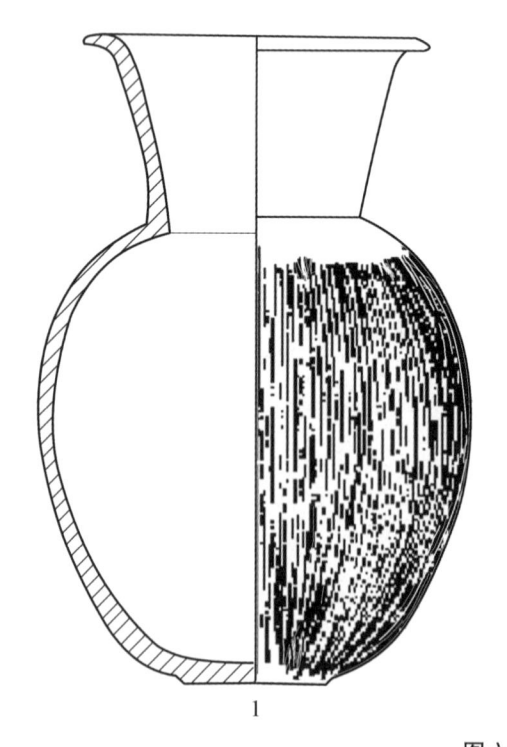

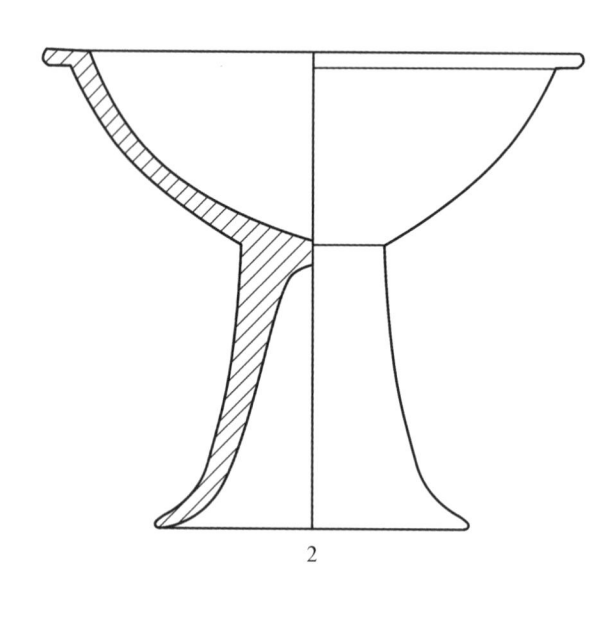

图六　饶平M3出土陶器

1. 大型尊(M3∶4)　2. 豆(M3∶2)

折肩平底罐

标本M3∶5。泥质橙黄陶,圆唇,敞口稍残,有领,窄折肩,直筒型腹,平底。肩以下饰粗条纹,近底部抹平。高13、底径7.8厘米(图版一三、3～4)。

豆

标本M3∶2。泥质橙黄陶杂灰色,圆唇,平折沿,弧形盘壁,圜底,高圈足,足底沿略外折。高21.4、口径26.6厘米(图六、2,图版一四、1)。

标本M3∶3。泥质橙黄陶,尖圆唇,敞口,盘壁略内凹且折,圜底,接圆台形圈足,足底沿外折。近口部有两组穿孔,每组两个。高16.5、口径9.2厘米(图版一四、2)。

石器

锛

标本M3∶6。短身,单面斜刃。长5.5、刃宽4.5厘米(图版一四、3)。

M4

可找到线图和照片的器物共5件,为石器,其中2件无法核对编号。

戈

标本M4∶?A。锋端稍残,长身较薄,中有脊,两侧有刃,内有一穿。长18.8、宽7厘米(图版一五、1～2)。

标本M4∶4。内部援部宽,且援部两侧呈弧形内凹,中有脊,两侧有刃,内有一穿。长13.9、宽5.5厘米(图版一五、3)。

锛

标本M4∶?B。梯形锛,单面平刃,刃有崩茬。风化明显。长3.5、刃宽2厘米(图版一五、4)。

标本M4∶1。长身锛,磨制规整,单面平刃,刃面略内凹,有崩茬。长18、刃宽7.5厘米(图版一六、1～3)。

标本M4∶2。梯形锛,单面平刃,刃面内凹不显著,刃有崩茬。风化明显。长5.5、刃宽2.9厘米(图版一六、4～5)。

M6

可找到线图和照片的仅5件器物,其中陶器1件、石器4件。

陶器
大型尊

标本M6：3。泥质橙黄陶，圆唇，平折沿，高领，鼓腹且深，贴小平底。领部有多道弦纹，领以下为条纹。高45、口径29厘米（图版一七）。

石器
戈

标本M6：6。长身较薄，中有脊，援部两侧有刃，锋援结合部稍宽，内有一穿。长25、宽7.7厘米（图版一八、1）。

锛

标本M6：7。近梯形，截面亦近梯形，单面平刃。长8.8、刃宽4.2厘米（图版一八、2~3）。

标本M6：9。形制与标本M6：7非常接近，唯风化严重。长7.8、刃宽3.5厘米（图版一八、4）。

标本M6：8。单肩，单面斜刃。长4.3、刃宽2.5厘米（图版一八、5）。

M8

可找到线图和照片的器物共13件，其中陶器3件，其余为石器。有5件无法确定编号。

陶器
尊

标本M8：6。残片。尺寸略（图版一九、1）。

豆

标本M8：？A。泥质橙黄陶，火候高，尖圆唇，敞口，盘壁略内凹且折，圜底，接圆台形圈足，足底沿外折。近口部有一组穿孔，每组两个。高17、口径21厘米（图版一九、2）。

钵

标本M8：1。胎质杂，为泥质灰褐色，上半部偏灰，下半部偏褐色。敞口，壁内凹，折盘，接小平底。内外施酱色釉，从痕迹观察，外侧近底部未施釉。高7、口径16厘米（图版一九、3~4）。

石器
戈

标本M8：11。内、锋部均稍残，内略窄，最宽处在援中部，三角形锋，援双侧面有刃，重起脊，无穿。长19.5、宽7厘米（图版二〇、1）。

标本M8∶14。援部及锋残,内有一穿。残长14、宽5.5厘米(图版二〇、2)。

锛

标本M8∶?B。体近梯形,截面亦近梯形,单面平刃,刃面内凹。长13、刃宽6.5厘米(图版二〇、3~4)。

标本M8∶16。体形较小,近梯形,截面亦近梯形,单面平弧刃,刃部有使用痕迹。长5.5、刃宽2.3厘米(图版二一、1~2)。

标本M8∶15。体形较小,近梯形,截面亦近梯形,单面弧刃,风化程度甚。长5.2、刃宽2.3厘米(图版二一、3)。

标本M8∶10。体形小,单肩,平刃,风化甚。长4、刃宽2.8厘米(图版二一、4)。

标本M8∶12。长身,单面平刃,周身遍布打击疤痕,风化甚。长9、刃宽3.2厘米(图版二一、5~6)。

璜

标本M8∶?C。弧形,缘外凸,外表有两道凸弦纹,一端有两穿孔,另一端有一穿孔,制作精细。宽1.2、周长6.5厘米(图版二二、1~2)。

标本M8∶?D。形制同M8∶?C。宽1.2、周长4.5厘米(图版二二、3~4)。

玦

标本M8∶?E。青灰色。外径2.1厘米(图版二二、5)。

M9

可找到线图和照片的器物共10件,其中陶器1件,其余为石器,其中1件无法确定编号。

陶器

凹底罐

标本M9∶1。泥质橙黄陶,尖圆唇,唇部起小平面,敞口卷沿,圆肩,斜弧形腹壁,凹底,沿内侧有数道凸弦纹,口沿下拍印细方格纹至底部。高21.7、口径17.8厘米(图七,图版二三、1~2)。

石器

戈

标本M9∶7。内部最宽,援部两边略内凹,锋部起脊,内有一穿。长18.4、宽8厘米(图版二四、1)。

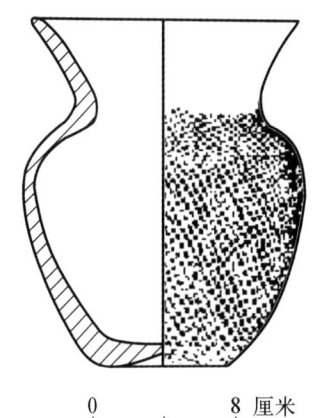

图七 饶平M9出土陶罐
凹底罐(M9∶1)

锛

标本M9∶8。粗砂岩，梯形，截面亦呈梯形，单面弧刃，刃面略内凹，通体磨光。长18、刃宽8.5厘米（图版二四、2）。

标本M9∶5。梯形，截面亦呈梯形，单面弧刃，刃面略内凹，通体磨光。长15.5、刃宽6.2厘米（图版二四、3）。

标本M9∶2。体近长方形，单面弧刃，刃面略内凹，通体磨光，保留打制疤痕。长9.3、刃宽4.8厘米（图版二四、4）。

标本M9∶11。粗砂岩，体近长方形，单面斜弧刃，刃面略内凹，通体磨光。长8.1、刃宽3.6厘米（图版二五、1）。

标本M9∶4。梯形，单面弧刃，刃面略内凹，通体磨光，保留较多打制疤痕。长8、刃宽3.8厘米（图版二五、2）。

标本M9∶9。长身，截面呈梯形，单面斜弧刃，通体磨光。长6.6、刃宽2.7厘米（图版二五、3）。

标本M9∶3。粗砂岩，梯形，截面亦呈梯形，单面弧刃，通体磨光。长6.5、刃宽3.4厘米（图版二五、4）。

标本M9∶？A。粗砂岩，梯形，单面刃，刃部破损严重，通体磨光，保留一些打制疤痕。长4.9、刃宽2.9厘米（图版二五、5）。

M10

可找到线图和照片的器物共4件，均为陶纺轮，且均无法确定具体编号。

陶器

纺轮

标本M10∶？A。夹砂橙红陶，算珠形，中有一穿孔。直径4.5厘米（图版二六、1）。

标本M10∶？B～D。B、C同A形态，直径分别为2.2、4.1厘米。D为圆台形，直径2厘米（图版二六、2）

M11

可找到线图和照片的器物共13件，其中陶瓷器3件，其他为石器。有3件无法确定编号。

陶瓷器

壶

标本M11∶5。泥质橙黄陶胎，圆唇，敞口，高领，扁折腹，圜底，圈足略高，领中部以下内外施酱黄绿色釉，有剥落现象。高17.5、口径9.5厘米（图版二七）。

豆

标本M11：? A。泥质橙黄陶，圆唇，侈口，盘壁略内弧且折，圜底，圈足残，盘内壁可见弦纹。残高14、口径15厘米（图版二八、1～3）。

标本M11：4。泥质橙红陶胎，圆唇，侈口，盘壁略内弧且折，圜底，圈足残，盘内外施酱色釉，剥落明显。残高12、口径18厘米（图版二八、4～5）。

石器

戈

标本M11：17。应为一件半成品，经修整打制，有了锋、援、内的形状，周边布满打制疤痕。长21、宽8厘米（图版二九、1）。

锛

标本M11：? B。长身，单面斜刃，刃面略内凹，通体磨光。长6.7、刃宽3厘米（图版二九、2）。

标本M11：? C。双肩有段，一侧肩部不甚明显，单面平刃，肩、段部位有打制疤痕。长7、刃宽4厘米（图版二九、3）。

标本M11：9。梯形，单面弧刃较宽。长5.7、刃宽4.6厘米（图版二九、4）。

标本M11：12。梯形，截面亦为梯形，单面弧刃，刃面内凹，有崩茬，通体磨光。长6.5、刃宽2.7厘米（图版三〇、1～2）。

标本M11：14。梯形，截面亦为梯形，单面弧刃，刃面内凹，有崩茬，通体磨光。长5.3、刃宽3厘米（图版三〇、3～4）。

标本M11：16。长身梯形，单面弧刃，有崩茬，通体磨光。长5.5、刃宽2.1厘米（图版三一、1）。

标本M11：13。短身梯形，单面弧刃，刃面内凹，有崩茬，通体磨光。长5.2、刃宽3.2厘米（图版三一、2～3）。

标本M11：10。短身梯形，单面斜刃，通体磨光。长4.9、刃宽3厘米（图版三一、4）。

标本M11：15。长身，单面平刃，风化显著。长4.5、刃宽2.5厘米（图版三一、5）。

M13

可找到线图和照片的器物共1件，为残断的石戈，无法确定编号。

石器

戈

标本M13：? A。锋部残，援起脊，有阑，且有数道刻划，内部有一穿。残长19.7、宽7.2厘米（图版三二）。

M14

可找到线图和照片的器物共5件,均为石器,其中1件无法确定编号。

石器
戈

标本M14:1。内部残,身较短宽,内部有一穿。残长17.5、宽6.5厘米(图版三三、1)。

锛

标本M14:2。长身梯形,截面亦呈梯形,略弓背,单面平刃,刃面略内凹且窄于柄端,柄端一侧有崩茬,通体磨光。长9.5、最宽3.6厘米(图版三三、2~4)。

标本M14:? A。短身梯形,单面弧刃,刃面内凹,刃面之器身一面保留有打制疤痕,另一面磨光。长8、刃宽5厘米(图版三四、1~2)。

标本M14:3。梯形,截面亦为梯形,单面平刃,通体磨光。长7、刃宽3.5(图版三四、3~4)。

玦

标本M14:5。外径4.5厘米(图版三四、5)。

M15

可找到线图和照片的器物共8件,分别为陶瓷器、石器,其中4件无法确定编号。

陶瓷器
大型尊

标本M15:? A。泥质橙黄陶胎,尖圆唇,平折沿略外翻,高领大敞口,斜折肩,最大径在肩部,深腹,腹壁较斜,近底部内收急,接小平底,从痕迹观察,内收急处与小平底合为一体,如倒置的浅盏形。领以下饰条纹至近底部,残留酱色釉。高43.5、口径28.5厘米(图版三五)。

豆

标本M15:? B。泥质橙红陶胎,尖圆唇,微敞口,口部烧制变形,腹壁斜直略内收,折盘,圜底,喇叭形圈足,足底缘外折。残留酱色釉,盘壁还见有烧制时黏结物。高15、口径18厘米(图版三六、1~3)。

标本M15:4。泥质橙红陶胎,尖圆唇,微敞口,口部稍变形,腹壁斜直略内收,折盘,圜底,喇叭形圈足,足底缘外折,口部有两组小穿孔,每组两个。通体施酱色釉,圈足底部釉磨损。高15.5、口径15.4厘米(图版三六、4~6)。

标本M15:16。泥质橙红陶胎,尖圆唇,微敞口,腹壁略内收,折盘,圜底,喇叭形圈足,足底缘外折。通体施黑色釉,盘底部刻画"п"形符号。口径17.3、高14.7厘米(图版三七、1～2)。

标本M15:8。仅存圈足。泥质橙黄陶,高喇叭形,圈足近盘端可见与豆盘粘接痕迹,足底缘外平折。残高14.5、底径15.5厘米(图版三七、3)。

石器

玦

标本M15:14。残存一段,截面近圆形。残长4.8厘米(图版三七、4)。

标本M15:？C。截面近椭圆形,磨制精细。外径3.6厘米(图版三七、5)。

标本M15:？D。截面近椭圆形,磨制精细。外径5.5厘米(图版三七、6)。

M16

可找到线图和照片的器物共11件,分别为陶瓷器、石器,其中4件无法确定编号。

陶器

小型尊

标本M16:6。泥质橙黄陶,口领部残,扁鼓腹,近底部内收急,接小平底,从痕迹观察,底部如倒置的浅盏形。残高12、底7厘米(图版三八、1～2)。

豆

标本M16:？A。泥质橙黄陶,火候高,尖圆唇,微敞口,腹壁略内收为弧形,折盘,圜底,喇叭形圈足,足底缘外折。高15、口径18.5厘米(图版三八、3)。

标本M16:8。泥质橙黄陶,火候高,尖圆唇,微敞口,腹壁略内收为弧形,折盘,圜底,喇叭形圈足,足底缘外折。高15、口径11厘米(图版三八、4)。

壶

标本M16:？B。泥质灰陶,火候低,呈饼干状,上部残,残存部分长身深腹,圜底接圈足。残高10.5、圈足底径5厘米(图版三九、1)。

圈足罐

标本M16:10。泥质灰陶,器壁较厚,口及腹上部残,残存部分腹较深,尖圜底,接矮圈足。残高6.5厘米(图版三九、2～3)。

盂

标本M16:？C。泥质橙黄陶,火候低,呈饼干状,口部残,残存部分束颈,斜腹,底部折呈大圜底。残高8厘米(图版三九、4)。

标本M16：11。泥质橙黄陶，火候低，圆唇直口，短颈，窄折肩，扁鼓腹，圜底。高5.8、口径5.8厘米(图版三九、5)。

标本M16：12。泥质橙黄陶，火候低，呈饼干状，大部分残，残存部分大圜底。残高4厘米(图版三九、6)。

石器

戈

标本M16：1。以片状石料打制，大体修整出内、援、锋三部分，周身布满打击疤痕。长22.5、宽10厘米(图版四〇、1~2)。

锛

标本M16：3。短身梯形，截面近梯形，单面弧刃，通体磨光。长3.5、刃宽2.8厘米(图版四〇、3~4)。

凿形器

标本M16：?D。利用小且长条状卵石磨制而成，一端窄，另一端较宽者磨制成单面斜刃。长3.5厘米(图版四〇、5~6)。

顶大埔山

M17

可找到线图和照片的器物共3件，其中陶器1件、石器2件，均无法确定编号。

陶瓷器

豆

标本M17：?A。残甚。泥质橙红陶胎，残存豆盘部分，尖圆唇，腹壁略内收为弧形，折盘，圜底，圈足残缺，内壁见弦纹，底部有圈足印痕。盘通体施酱色釉，内壁釉薄于外壁。残高9厘米(图版四一、1~3)。

石器

锛

标本M17：?B。梯形，单面平刃，刃宽小于柄端的宽度，柄端有打制疤痕。长4.1、最宽2.4厘米(图版四一、4)。

标本M17：？C。梯形，单面斜刃，刃面内凹。长4、刃宽2厘米（图版四一、5～6）。

M18

可找到线图和照片的器物共2件，为石器，均无法确定编号。

锛

标本M18：？A。长身梯形，截面亦为梯形，单面平刃，刃面内凹，正面磨光，背面残留打制疤痕。长8、刃宽3.2厘米（图版四二、1～2）。

标本M18：？B。短身梯形，单面平刃，柄端保留打制疤痕。长4、刃宽2厘米（图版四二、3～4）。

M19

可找到线图和照片的器物共3件，其中陶器1件、石器2件，均无法确定编号。

陶瓷器

平底罐

标本M19：？A。泥质橙红陶，口、腹部残，圆唇，敞口，束颈，有窄肩，腹部呈筒形，平底。高13厘米（图版四三、1）。

石器

锛

标本M19：？B。长身，截面近梯形，单面弧刃，表面风化甚。长11.3、刃宽2.8厘米（图版四三、2～3）。

标本M19：？C。长身，截面近梯形，单面弧刃，器表多打制疤痕。长6.8、刃宽2.5厘米（图版四三、4～5）。

M20

可找到线图和照片的器物共3件，均为石器，无法确定编号。

标本M20：？A。长身，截面近梯形，单面平刃，刃面内凹，磨光，偶有打制疤痕。长15.8、刃宽4.5厘米（图版四四、1～2）。

标本M20：？B。长身，截面近梯形，单面平刃，刃面内凹，磨光，偶有打制疤痕。长13.3、刃宽3.8厘米（图版四四、3～4）。

标本M20:？C。长身，刃部破损，风化显著。长10、刃宽3.8厘米（图版四四、5）。

M21

可找到线图和照片的器物共2件，为石器，无法确定编号。

锛

标本M21:？A。长身，柄端残，截面近梯形，单面平刃，通体磨光。长9.5、刃宽3.8厘米（图版四五、1~2）。

标本M21:？B。长身，柄端残，截面近梯形，单面平刃，通体磨光，表面稍风化。长6.6、刃宽3.7厘米（图版四五、3~4）。

第三章 大埔县浮滨文化发掘品

1982年，大埔县博物馆在进行文物普查时，先后在枫朗镇王兰金星面山、保安背头岭、墟镇街背山、湖寮镇莒村下北山、结高岭发现一批陶、石器；同年12月，梅县地区文化处会同大埔县博物馆对金星面山进行复查，清理了器物已暴露的古墓葬1座（编号M1）。1986年广东省博物馆与大埔县博物馆联合组成发掘队，对枫朗镇金星面山、屋背岭、斜背岭3处墓地进行发掘，清理古墓21座，其中M1～M6位于金星面山，M7～M11位于屋背岭，M12～M22位于斜背岭，所有墓葬均为长方形土坑竖穴墓。

金星面山、屋背岭、斜背岭是3座相邻的山岗，高约30～50米，南边有王兰河流过，古墓葬分布在山岗顶部和东南坡。保安背头岭高约60米，采集遗物分布在山顶平台及东南坡，西边有保安河流过。湖寮镇莒村下北山高约100米，采集遗物分布在山顶及西南坡。结高岭高约80米，采集遗物分布在西南坡。两处山岗的南边有首村河（图八）。现将各墓葬单位的发掘情况报告如下。

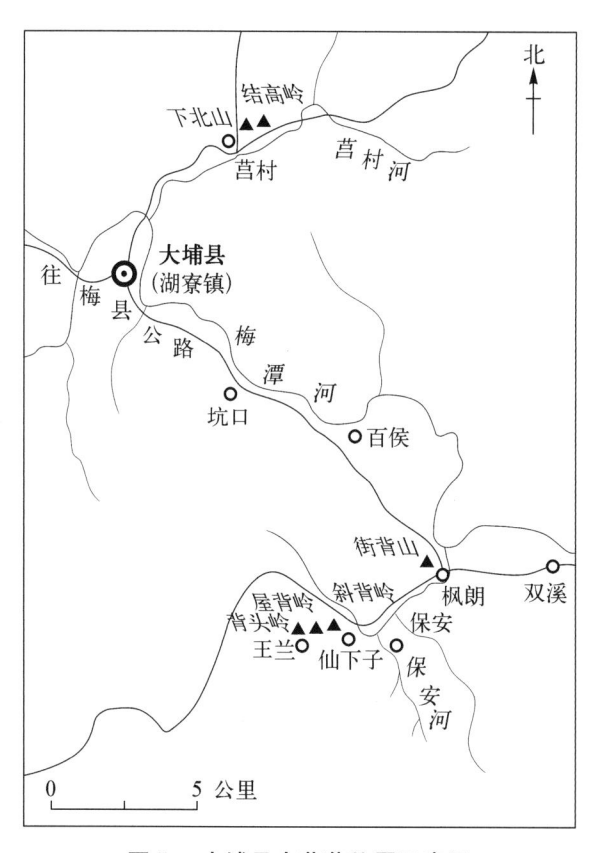

图八 大埔县古墓葬位置示意图

M1

M1位于金星面山顶部东边平台上。长2.2、宽1.25、残深0.65米。方向150°。随葬品共22件。陶瓷器有尊、壶、豆、罐，玉石器有戈、锛、凿、环、玦等。其中M1∶18为石锛，出土时已经呈粉末状；M1∶19为软陶罐，无法看出器形；故实际可见器形者为20件，乃大埔县本地首次发掘的浮滨文化墓葬中随葬品最为丰富者（图九）。M1未见墓葬剖面图。

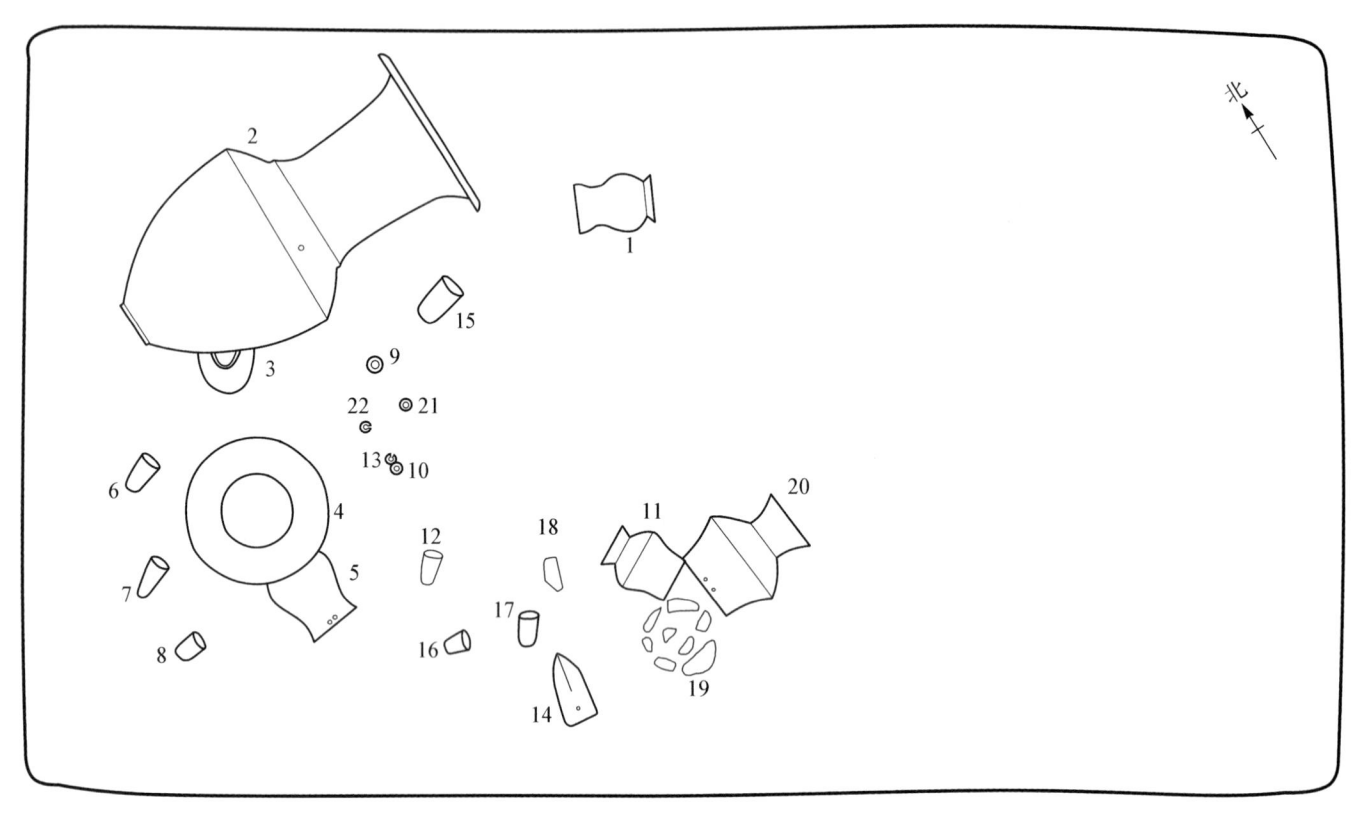

图九　大埔M1平面图

陶瓷器

大型尊

标本M1∶2。泥质红褐陶胎，敞口，圆唇，折沿外翻，领部高且直，折肩深腹，小平底。领肩结合处及折肩部有弦纹，肩部有3枚乳钉，领以下饰条纹。内、外施酱黑色釉，略有剥落。口径32、高61厘米（图一〇、1，图版四六、5）。

标本M1∶4。泥质红褐陶胎，领、口残，圆肩，折肩深腹，小平底。领肩结合处有弦纹，肩部有3枚乳钉，领以下饰条纹。内、外施酱黑色釉。残高24.8厘米（图一〇、2）。

圈足壶

标本M1∶3。泥质红褐陶胎，圆唇，侈口，折腹，圜底接矮圈足。腹部刻划两个"]["形符号。通体内外施酱黄色釉。口径8.3、高11厘米（图一〇、3，图版四六、1～2）。

标本M1∶5。泥质红褐陶胎，圆唇，侈口，略束颈，垂腹，圜底接矮圈足。下腹饰一周条纹，腹上部刻两个"="形符号。通体内外施酱黑色釉。口径8.3、高14.4厘米（图一〇、4，图版四六、3～4）。

标本M1∶1。泥质红褐陶胎，圆唇，侈口，略束颈，腹近垂，圜底接矮圈足。口部有两对称小穿孔，腹中部刻"Ⅱ"形符号。通体外施酱黑色釉，内无釉。口径8.1、高14厘米（图一〇、5）。

图一〇　大埔 M1 器物图

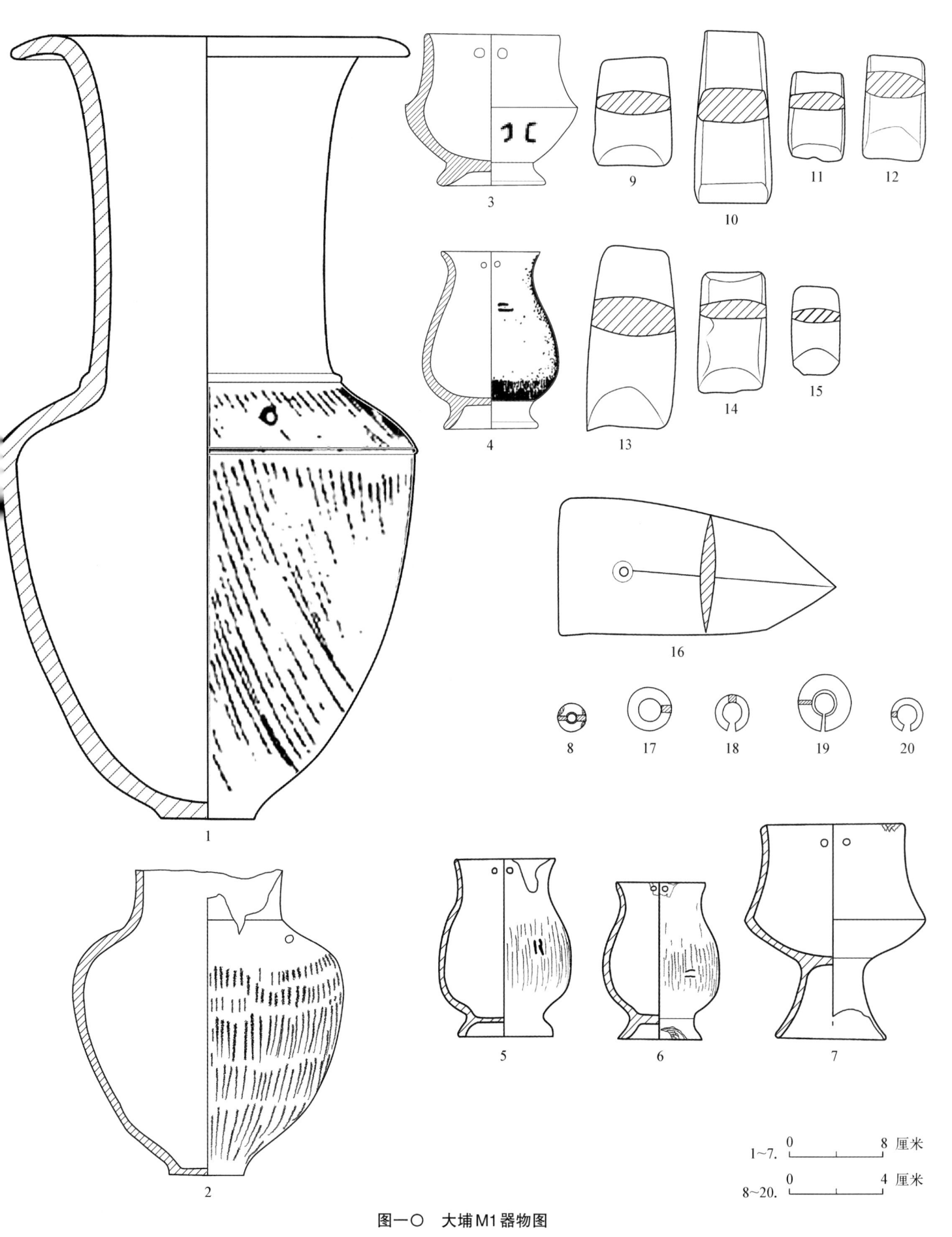

1、2. 陶尊(M1:2、4)　3～6. 陶壶(M1:3、5、1、11)　7. 陶豆(M1:20)　8. 陶环(M1:9)　9～15. 石锛(M1:6、7、8、12、15、16、17)　16. 石戈(M1:14)　17. 石环(M1:10)　18、20. 玉玦(M1:13、22)　19. 石玦(M1:21)

标本M1∶11。泥质红褐陶胎,圆唇,侈口,略束颈,深鼓腹,圜底接矮圈足。口部有两对称小穿孔,腹中部刻两个"="形符号,并有条纹,通体内外施酱黄色釉。口径8.3、高13.8厘米(图一〇,6)。

豆

标本M1∶20。泥质橙红陶胎,圆唇,微敞口,折腹较深,圜底,细喇叭形圈足。口部有两组小镂孔,每组两个。通体内外施酱色釉。口径13、高18.5厘米(图一〇,7)。

环

标本M1∶9。泥质橙黄陶,火候较低,平面呈圆形,中央有一穿孔。孔径1、外径2.5、厚0.3~0.5厘米(图一〇,8)。

玉石器

石戈

标本M1∶14。内部略宽于援部,援起脊,两边有刃,锋部更窄,内有一穿。长12.3、最宽6.2厘米(图一〇,16)。

石锛

标本M1∶6。身略短,单面弧刃,刃面略凹,且有使用崩茬,器身大部分保存了原石料的表皮。长5.3、刃宽3.2厘米(图一〇,9)。

标本M1∶7。长身梯形,略弓背,横截面亦为梯形,刃端略宽于柄端,单面平刃,通体磨光。长7.3、刃宽3.2厘米(图一〇,10)。

标本M1∶8。短身梯形,单面弧刃,刃面略凹,且有使用崩茬,通体磨光。长3.5、刃宽2.9厘米(图一〇,11)。

标本M1∶12。短身梯形,单面弧刃,刃面略凹,且有使用崩茬,通体磨光,偶见打制疤痕。长5.1、刃宽4.2厘米(图一〇,12)。

标本M1∶15。长身梯形,单面平刃,刃面略凹,且有使用崩茬,器身大部分保存了原石料的表皮。长7.8、刃宽4.4厘米(图一〇,13)。

标本M1∶16。长身梯形,单面平刃,刃面略凹,且有使用崩茬,器身遍布打制疤痕。长5.2、刃宽2.7厘米(图一〇,14)。

标本M1∶17。长身,单面弧刃,刃面略凹,且有使用崩茬,器身大部分保存了原石料的表皮。长3.7、刃宽2厘米(图一〇,15)。

石环

标本M1∶10。制作不甚规整,圆孔为对钻方式形成。外径1.8、内径1、厚0.2~0.3厘米(图一〇,17)。

石玦

标本M1∶21。外缘稍薄。外径2.4、内径0.9、厚0.1厘米(图一〇、19)。

玉玦

标本M1∶13。缺口较大。外径1.5、内径0.9、厚0.25厘米(图一〇、18)。

标本M1∶22。缺口较大。外径1.4、内径0.8、厚0.2厘米(图一〇、20)。

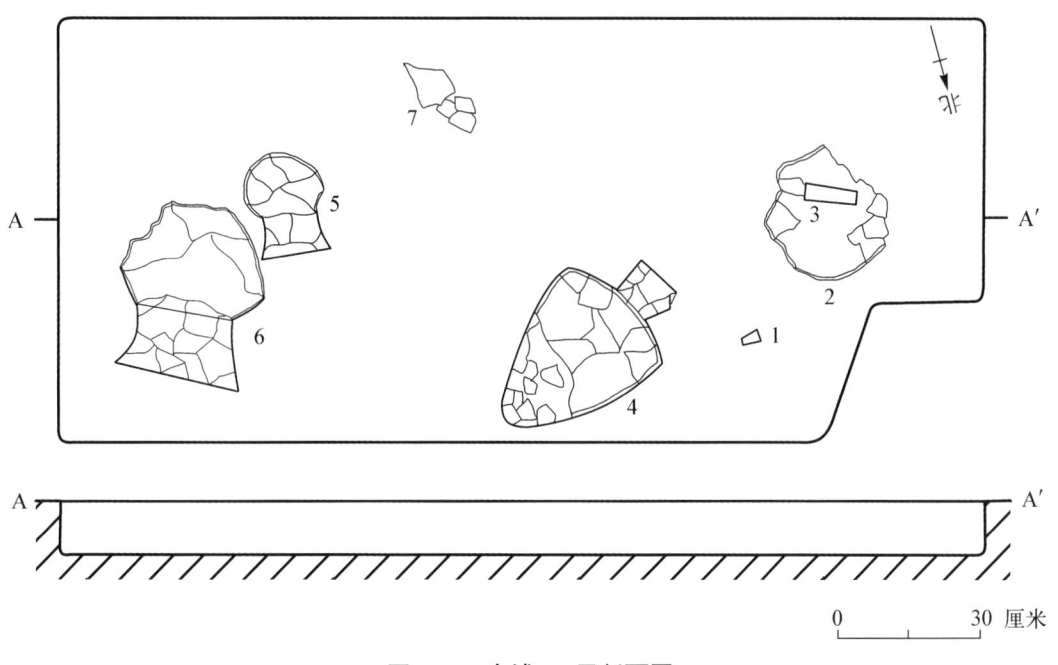

图一一 大埔M2平剖面图

M2

M2位于金星面山东南坡，因水土流失，一些随葬器物已经暴露于地表，残存部分长1.9、宽0.85、深0.11米，内填红黄色花土，方向100°(图一一，图版四七、1)。随葬品主要分布在一侧，陶瓷器有大口尊、小型尊、夹砂罐，石器有石锛，共7件。其中陶瓷器均无法复原，有图者仅两件石锛。

石锛

标本M2∶1。短身梯形，单面弧刃，刃面有使用崩茬，风化较为严重。长3.3、刃宽2.3厘米(图一二、1)。

标本M2∶3。长身梯形，截面亦近似梯形，单面平刃，通体磨光。长8.2、刃宽3.2厘米(图一二、2)。

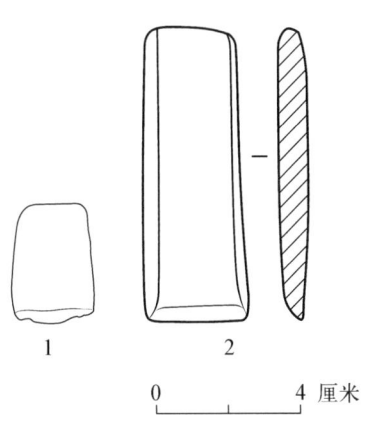

图一二 大埔M2出土石锛

1. M2∶1 2. M2∶3

M3

M3位于金星面山南坡,因修水渠,大部分被破坏,残存部分长0.4、宽0.9、深0.3米,内填红黄色花土,方向218°(图一三,图版四七、2)。残存随葬品有陶瓷器3件、石器1件,查找到的资料中,陶瓷器仅见1件豆。

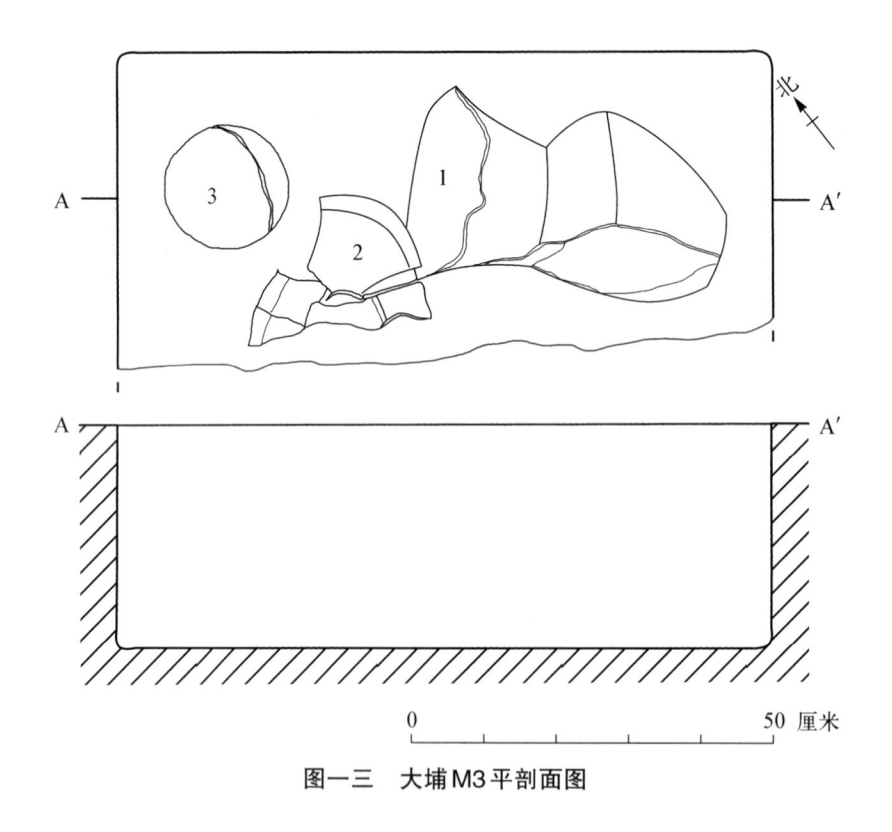

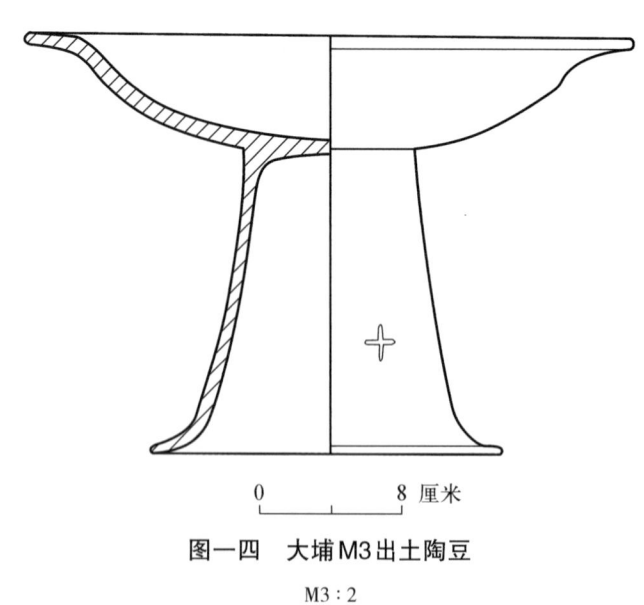

图一三 大埔M3平剖面图

豆

标本M3:2。泥质灰陶胎,圆唇,平折沿,弧形盘壁,浅盘,圜底,高圈足,足底沿略外折。圈足刻画有"+"符号,施酱色釉。口径17.2、高19厘米(图一四)。

图一四 大埔M3出土陶豆
M3:2

M4

M4位于金星面山南坡,M3的南面约8米处,因修水渠,仅存一角,残存部分长0.7、宽0.65、深0.4米,内填红黄色花土,方向200°(图一五,图版四八、1)。残存随葬品有陶瓷器2件、石器1件。

陶瓷器

大型尊

标本M4∶1。泥质浅灰陶胎，尖唇，高领，中鼓出，下一周凸棱，近似葫芦形，斜肩近折，深腹，小平底。肩、腹部饰条纹，腹部施带状酱黑釉一周。口径14、高41厘米（图一六、1）。

中型尊

标本M4∶2。泥质橙红陶胎，圆唇，敞口，平折沿，高领，斜肩近折，深腹，小平底。肩、腹部饰条纹，周身残留较多酱黑釉。口径15、高22厘米（图版四八、2～3）。

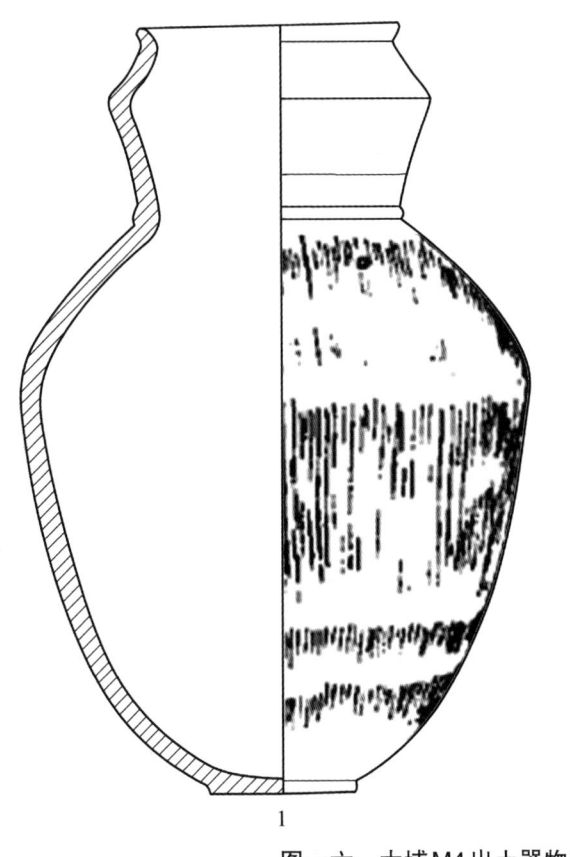

图一五 大埔M4平剖面图

图一六 大埔M4出土器物图
1. 陶尊（M4∶1） 2. 石锛（M4∶3）

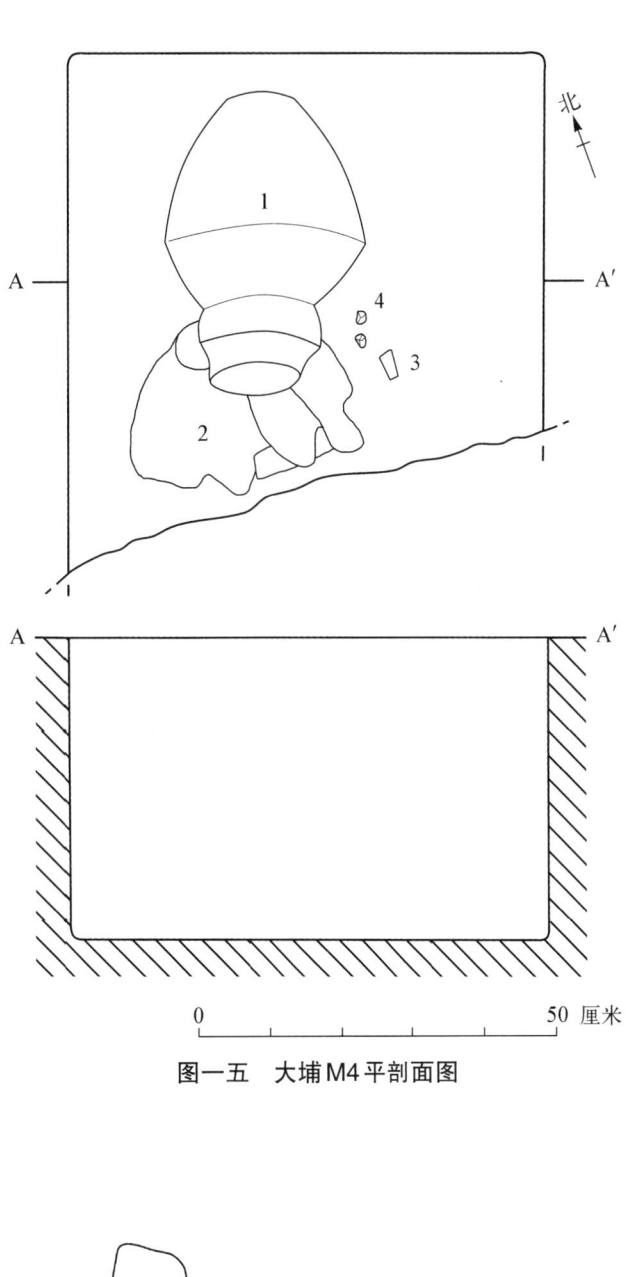

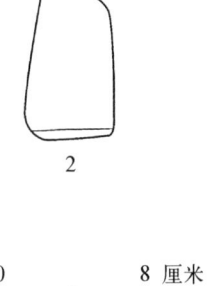

石器

石锛

标本M4:3。梯形锛,单面平刃,刃面有使用崩茬,风化甚。长4.3、刃宽2.5厘米(图一六、2)。

M5

M5位于金星面山东北坡近山顶处,水土流失及耕作导致器物完全暴露于地表,无墓葬平剖面图。采集到的标本仅见尊1件,有照片。

陶瓷器

小型尊

标本M5:1。泥质橙黄陶胎,尖圆唇,敞口,高领,折肩,斜弧腹壁,平底。肩、腹部残留酱黑色釉。高15、口径8.4厘米(图一七,图版四九、1~2)。

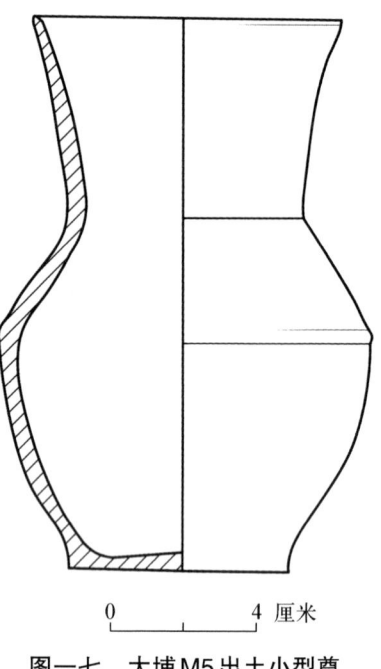

图一七 大埔M5出土小型尊
M5:1

M6

M6位于金星面山东坡近山顶处,因种树,扰动严重,残存部分长1.7、宽0.7、深0.4米,内填红黄色花土,方向210°(图一八,图版五〇、1)。残存随葬品有陶尊1件及其他器物碎片,石器7件以及若干小石英卵石颗粒。查找到的资料中有石器6件。

石器

戈

标本M6:1。援、内结合部略宽,锋部起脊。长15.3、宽7.2厘米(图一九、1)。

锛

标本M6:2。长身,单面斜刃,刃面有崩茬。长6、刃宽2.5厘米(图一九、2)。

标本M6:3。近梯形,一侧边缘为弧形,截面为梯形,单面平刃,通体磨光。长4.6、刃宽3厘米(图一九、3)。

标本M6:4。器身残断,单面平刃,刃面略内凹。残长3.6、刃宽3.5厘米(图一九、4)。

标本M6:5。单肩,单面弧刃。长3.2、刃宽2厘米(图一九、5)。

标本M6:7。器身略长,单面斜弧刃。长3.5、刃宽1.8厘米(图一九、6)。

图一八 大埔M6平剖面图

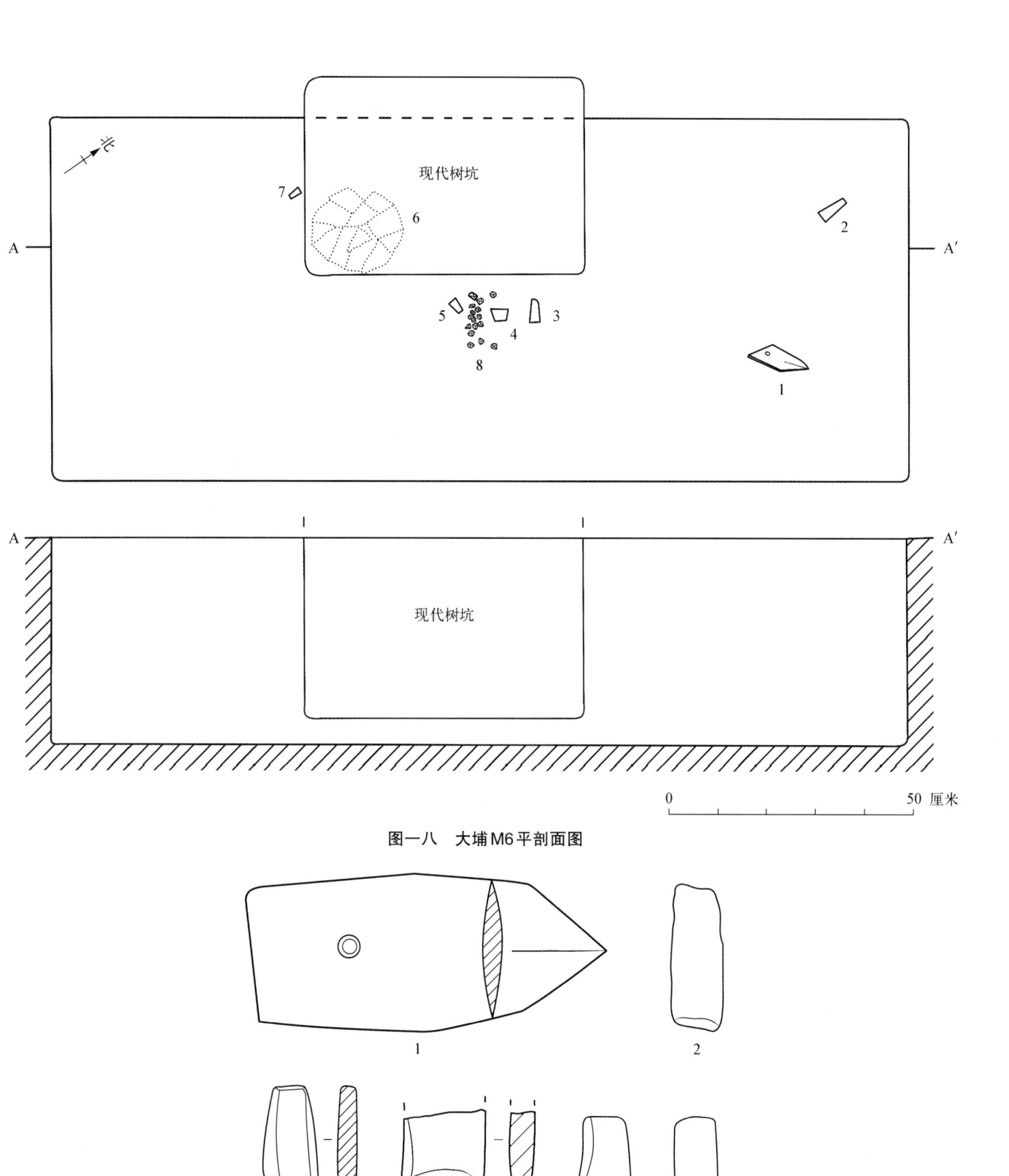

图一九 大埔M6出土石器
1.戈(M6∶1) 2～6.锛(M6∶2、3、4、5、7)

M7

M7位于屋背岭南坡,因水土流失,有些随葬品已经暴露于地表,残存部分长1.65、宽0.6、深0.2米,内填红黄色花土,方向325°(图二〇,图版五〇、2)。随葬品有陶瓷器、石器等5件。查找到的资料中有陶瓷器、石器4件。

陶瓷器

大型尊

标本M7:4。泥质橙红陶胎,圆唇,平折沿略外翻,高领,折肩,深腹,小平底。领部以下饰条纹,通身内外施酱色釉,有剥落。口径22.5、高41厘米(图版五一、1~2)。

圈足壶

标本M7:2。泥质橙红陶胎,圆唇,束颈,垂腹,圜底接圈足。腹中部以下饰条纹,通体内外施酱黑釉,有剥落,腹上部并列刻两个符号"T"。口径7.2、高16.3厘米(图二一、1,图版五一、3~4)。

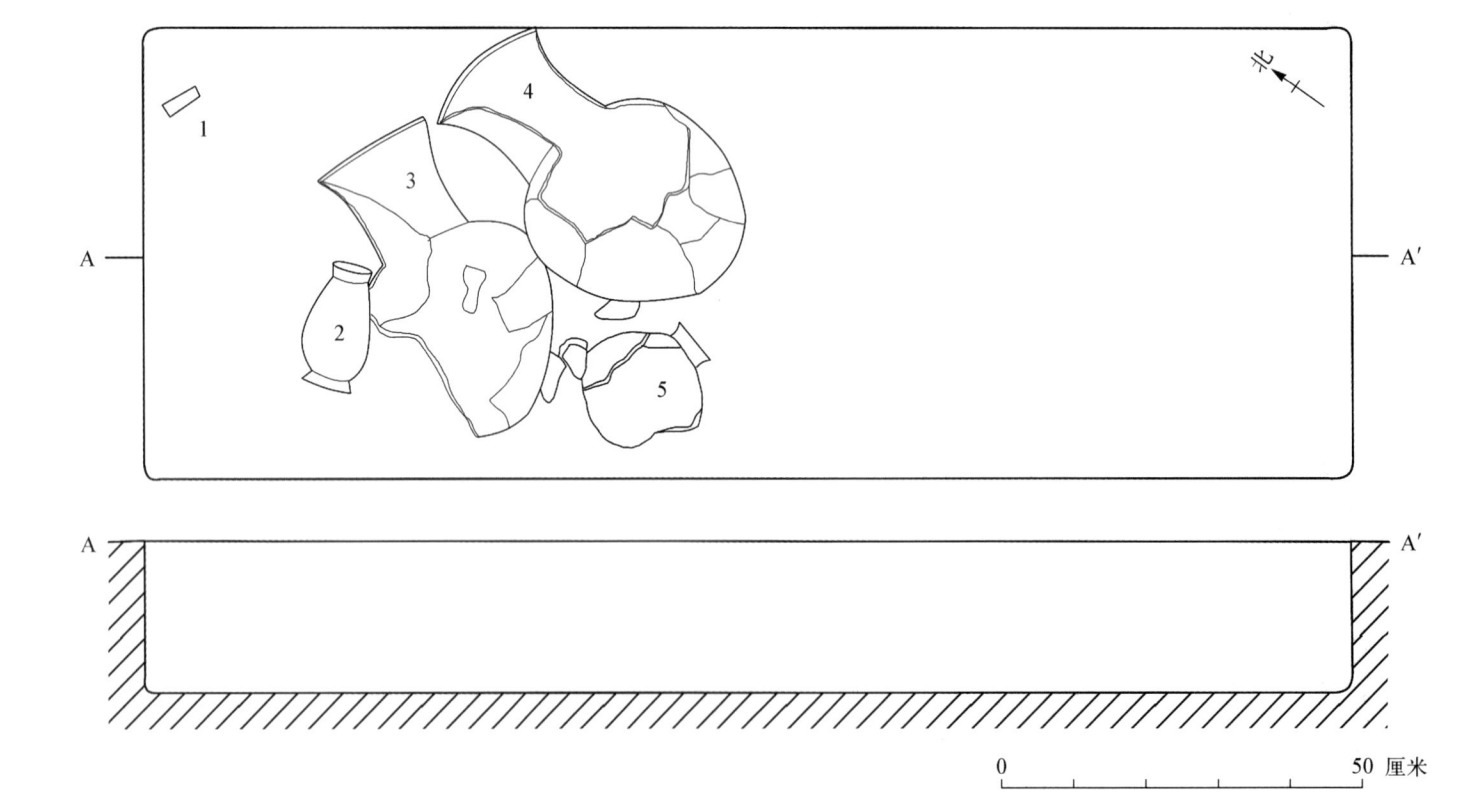

图二〇　大埔M7平剖面图

豆

标本M7:5。泥质灰褐陶胎,圆唇,敞口,折腹,圜平底,足端外撇。口部有两组对称穿孔,每组两个,足部刻两个"◇"符号,通体施酱黑釉。口径14.4、高16.5厘米(图二一、2)。

石器

锛

标本M7:1。梯形,单面弧刃,刃面略凹,通体磨光。长9.1、刃宽4.9厘米(图二一、3)。

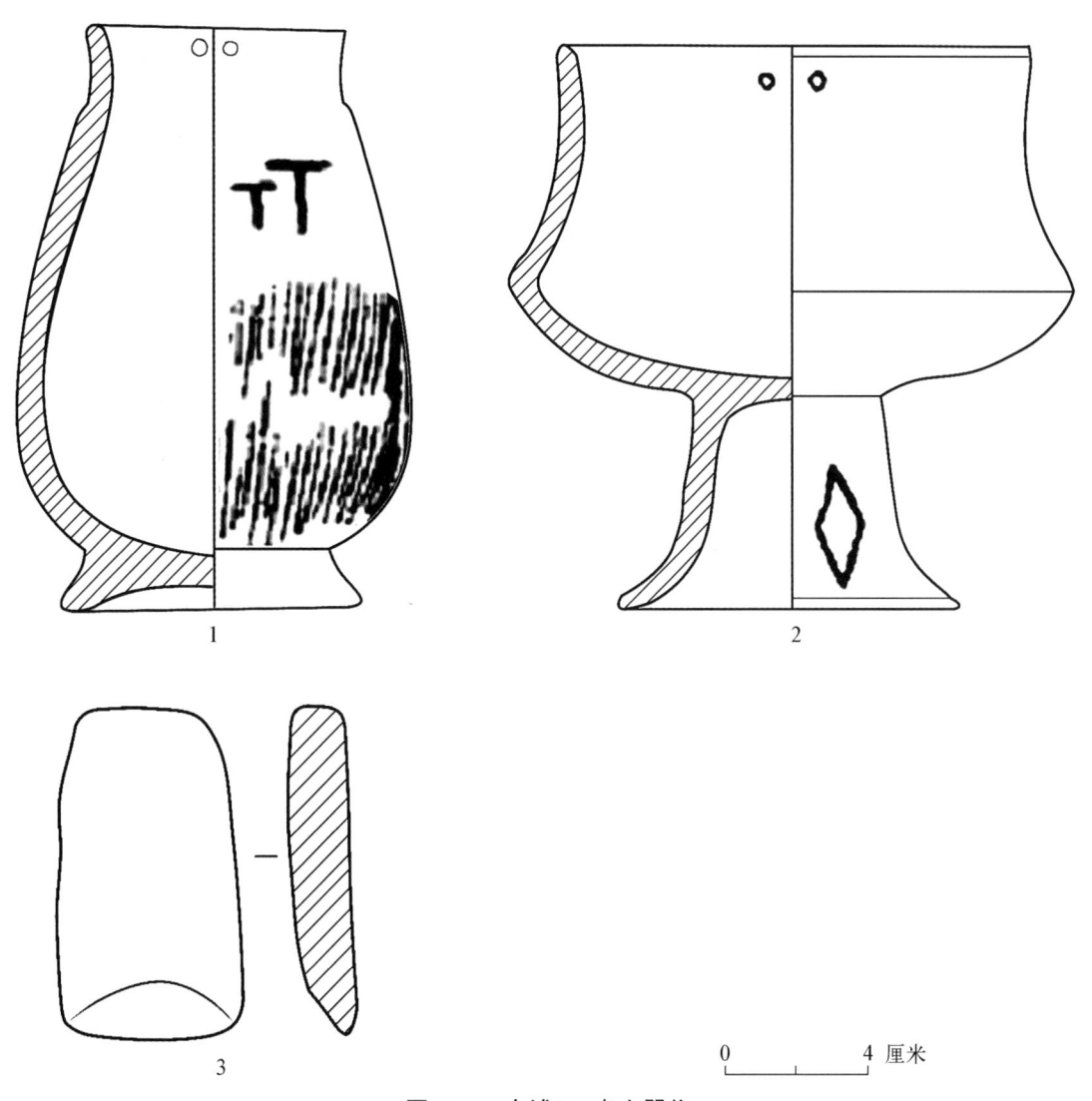

图二一 大埔M7出土器物

1.陶壶(M7:2) 2.陶豆(M7:5) 3.石锛(M7:1)

图二二　大埔 M8 平剖面图

M8

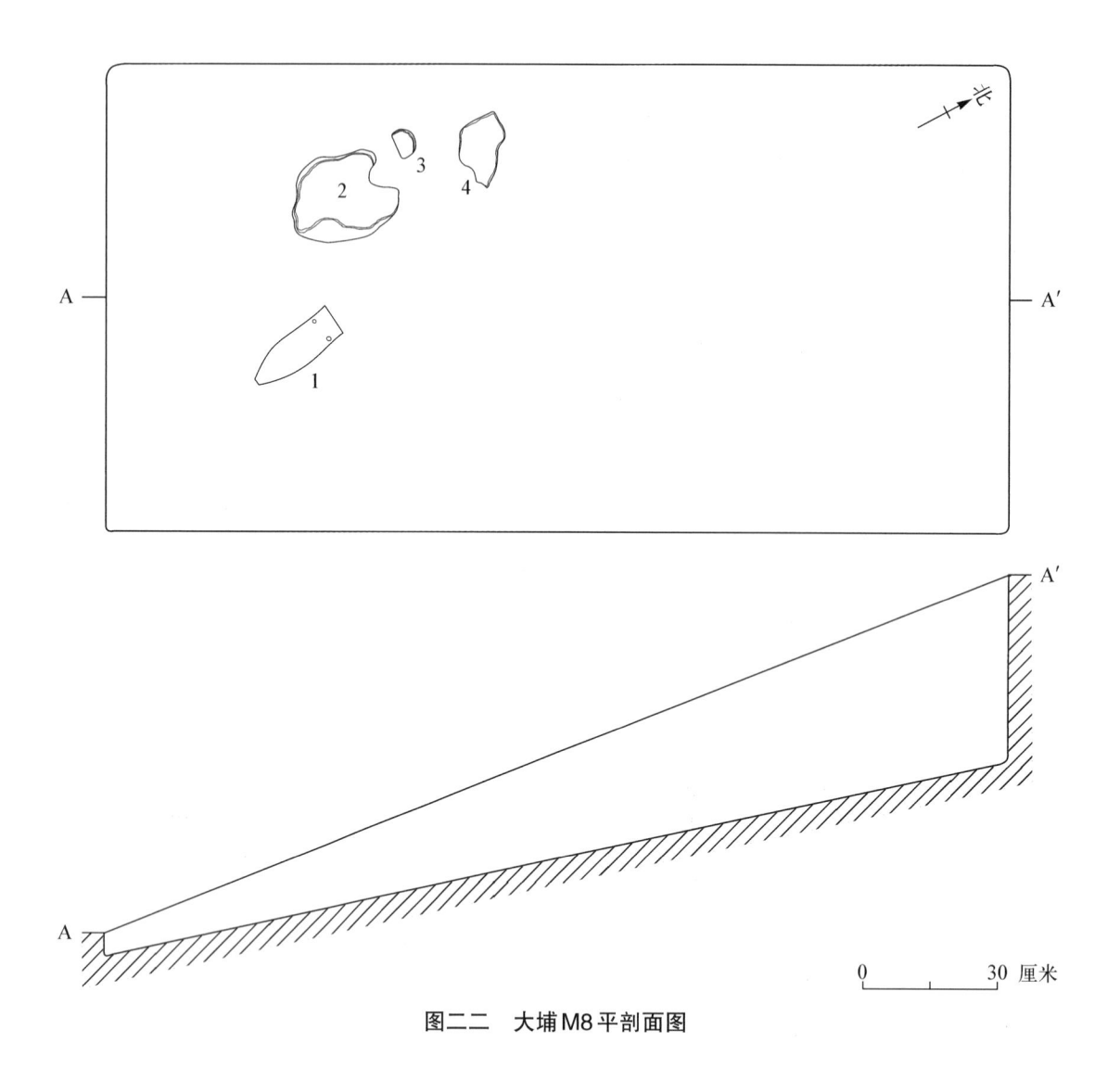

M8位于屋背岭南坡，因水土流失，有些随葬品碎片已经暴露于地表，残存部分长2、宽1、深0.05～0.4米，内填红黄色花土，方向205°（图二二，图版五二、1）。随葬品有陶瓷器和石器，查找到的资料中只有1件石戈。

石器

戈

标本M8：1。锋部稍残，体较宽，援、内边缘上弧、下平、中起脊，内部有两穿。残长12.4、宽4.2厘米（图二三）。

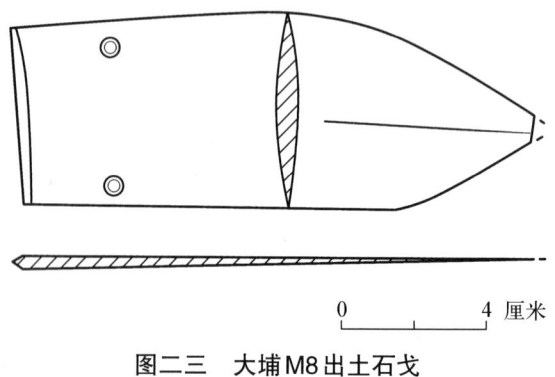

图二三　大埔 M8 出土石戈

M8：1

图二四 大埔M9平剖面图

M9

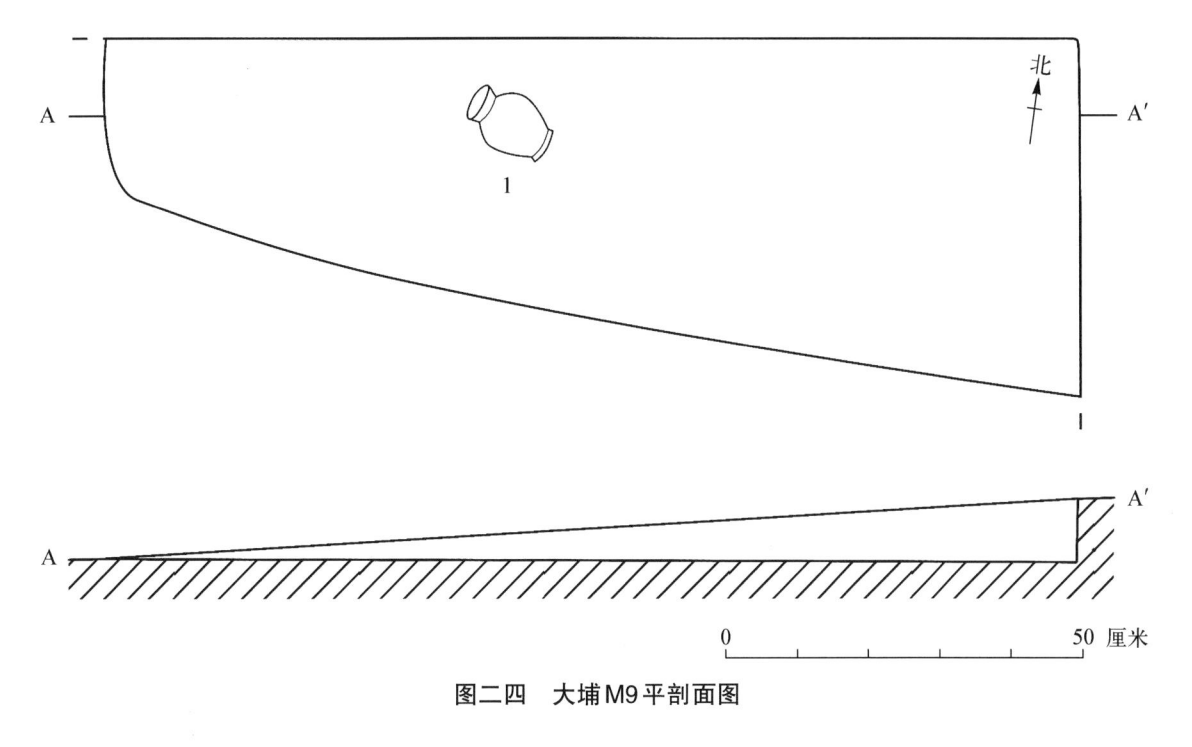

M9位于屋背岭西坡，因种树等，墓葬东南部基本无存，有些随葬品碎片已经暴露于地表，残存部分长1.34、宽0.87、深0.08米，内填红黄色花土，方向260°（图二四，图版五二、2）。随葬品仅见壶1件。

陶器

壶

标本M9:1。泥质灰褐陶，火候较高，口唇部残，束颈，垂腹，圜底接矮圈足，腹部刻划有"*"符号。圈足底径6、残高10厘米（图二五）。

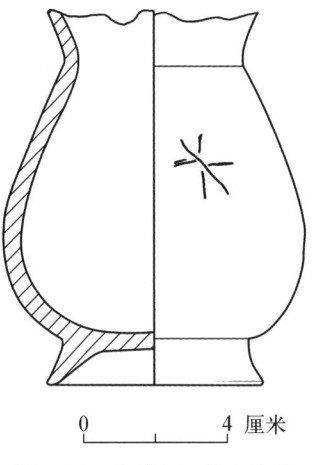

图二五 大埔M9出土陶壶
M9:1

M10

M10位于屋背岭西坡，因种树等，有些随葬品碎片已经暴露于地表，附近地表也散落着陶瓷器碎片，残存部分长2.65、宽1.2、深0.05～0.2米，内填红黄色花土，方向271°（图二六，图版五三、1）。从平面图观察，共有11个编号的随葬品（含碎片），寻找到有图者3件。

陶瓷器

圈足壶

标本M10:2。泥质橙黄陶胎杂灰色，圆唇，溜肩，鼓腹，圜底接矮圈足。口沿处有对称两孔，素面，

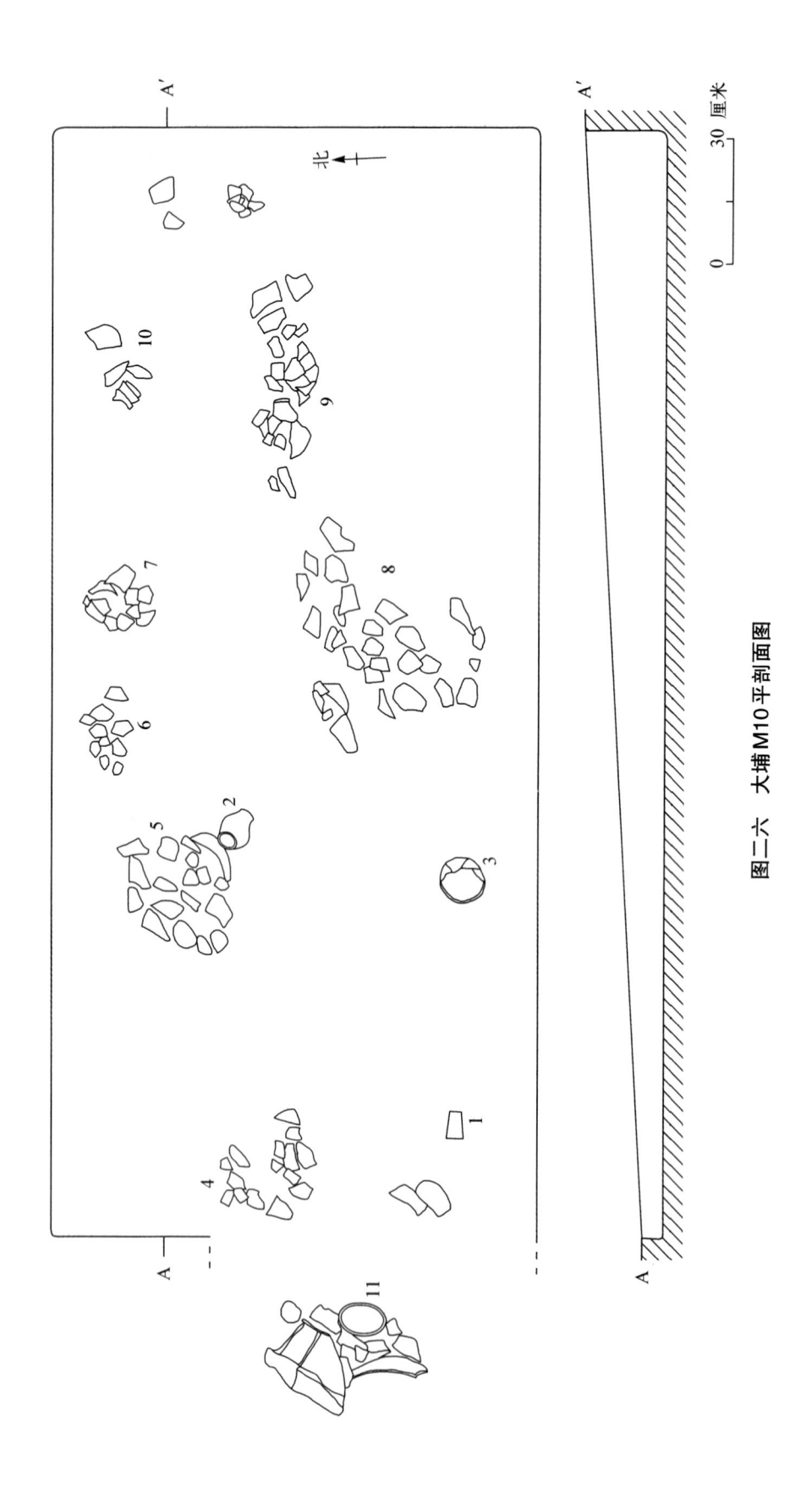

·34· 浮滨撷英：广东大埔、饶平原始瓷发现与研究

图二六 大埔M10平剖面图

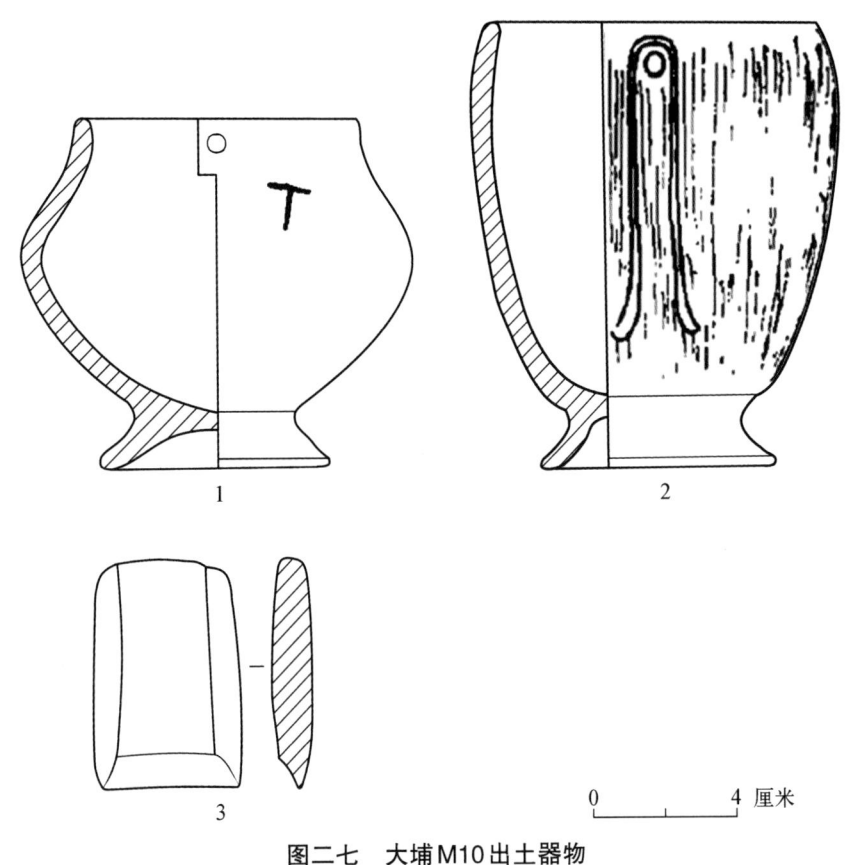

图二七　大埔M10出土器物
1.陶壶（M10∶2）　2.陶杯（M10∶3）　3.石锛（M10∶1）

内外施酱黄釉，剥落明显，肩部刻划有"T"符号。口径7.6、高9.4厘米（图二七、1，图版五三、2~3）。

杯

标本M10∶3。泥质橙黄陶杂灰色，圆唇，口微敛，深腹，尖圜底，矮圈足略外撇。口沿处有对称两孔，口沿孔外至下腹饰堆条纹，应为模仿把手。口径11、高13.3厘米（图二七、2，图版五三、4）。

石器

锛

标本M10∶1。器身近方形，截面作梯形，直刃，通体磨光。长6.8、刃宽4.2厘米（图二七、3）。

M11

M11位于屋背岭西坡，因水土流失，随葬品碎片基本散落地表，残存部分长1.7、宽1.1、深0.1米，内填红黄色花土，方向290°（图二八，图版五四、1）。从平面图观察，共有6个编号的随葬品（含碎片），经寻找，未见有图者。

图二八 大埔 M11 平剖面图

M12

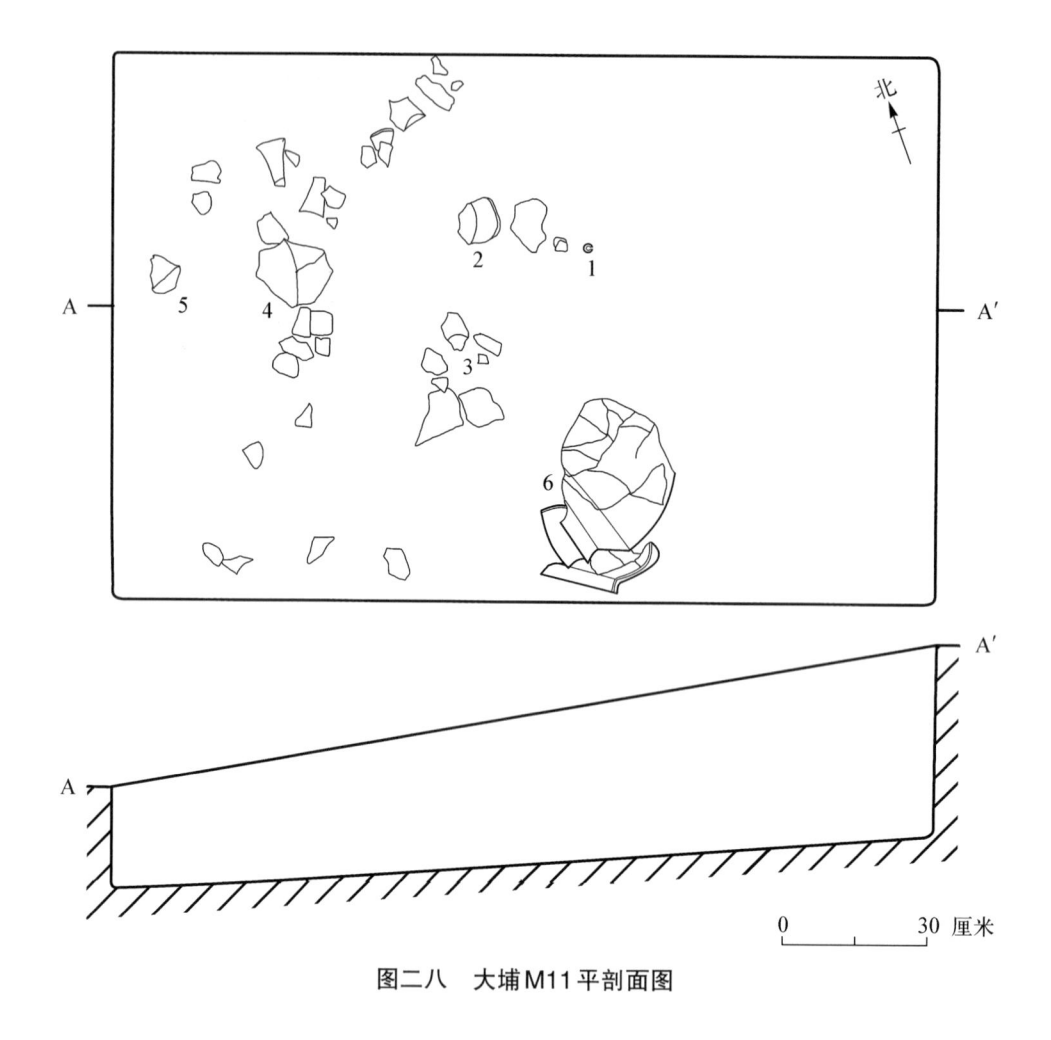

M12 位于斜背岭顶部，因水土流失，随葬品露出地表，残存部分长 1.3、宽 0.5、深 0.13 米，内填红黄色花土，方向 325°（图二九，图版五四、2）。从平面图观察，共有 8 个编号的随葬品（含碎片），经寻找，有线图和照片者 5 件，包括陶瓷器和玉石器。

陶瓷器

小型尊

标本 M12：1。泥质灰褐陶胎，圆唇，侈口，束颈，斜折肩，折腹，圜底，接饼状足。自颈部至下腹刻划条纹与曲折纹。通体内外施酱黑色釉。口径 7.6、高 10 厘米（图三〇、1，图版五四、3～4）。

釜

标本 M12：4。夹砂红陶，圆唇，侈口，束颈，卷沿，鼓腹，圜底。口径 13、高 23 厘米（图三〇、2）。

图二九 大埔 M12 平剖面图

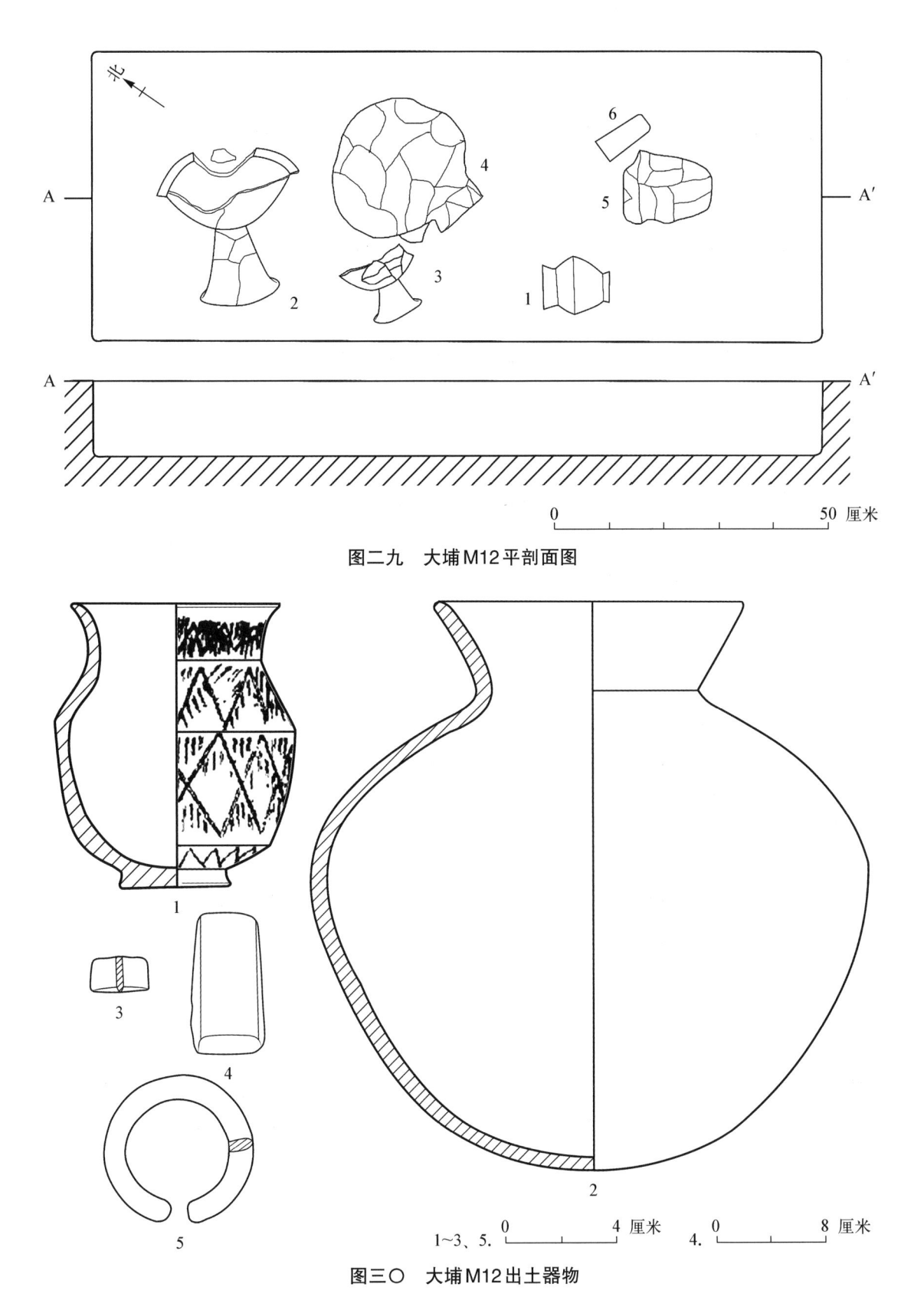

图三〇 大埔M12出土器物

1. 陶尊(M12:1) 2. 陶釜(M12:4) 3. 石刀(M12:8) 4. 石锛(M12:6) 5. 玉玦(M12:7)

玉石器
石锛
标本M12∶6。器身较长,截面呈梯形,单面平刃,通体磨光。长9.5、刃宽4.5厘米(图三〇、4)。

石刀
标本M12∶8。体扁宽且薄,双面平刃。高0.6、刃宽2厘米(图三〇、3)。

玉玦
标本M12∶7。白色高岭玉质。外径5.2、肉宽0.8、厚0.4厘米(图三〇、5)。

M13

M13位于斜背岭,因水土流失,西北部破坏严重,残存部分长1.9、宽0.9、深0.05～0.25米,内填红黄色花土,方向327°(图三一,图版五五、1)。从平面图观察,随葬品有陶瓷器3件、玉器1件,经寻找,有线图和照片者2件,包括陶器和玉器。

陶器
中型尊
标本M13∶2。泥质灰白陶,圆唇,侈口,有领较短,圆肩,肩腹微折。肩近颈部饰3枚乳钉,肩以下通体饰条纹。口径16、高32厘米(图三二、1,图版五五、2)。

玉器
T形环
标本M13∶1。内缘凸出,截面呈"T"形,外缘有少许破损。外径7.3、肉宽1、内缘厚0.9厘米(图三二、2,图版五五、3～4)。

M14

M14位于斜背岭东南坡,因水土流失遭破坏,残存部分长1.3、宽0.75、深0.05～0.42米,内填红黄色花土,方向210°(图三三,图版五六、1)。从平面图观察,共3件随葬品,有线图和照片者仅1件。

陶瓷器
大型尊
标本M14∶3。泥质灰陶,火候较高,口领部残,折肩,深腹,平底。肩、腹部粘接痕迹明显,领肩结合部位有凸棱,领以下饰条纹。残高46厘米(图版五六、2～4)。

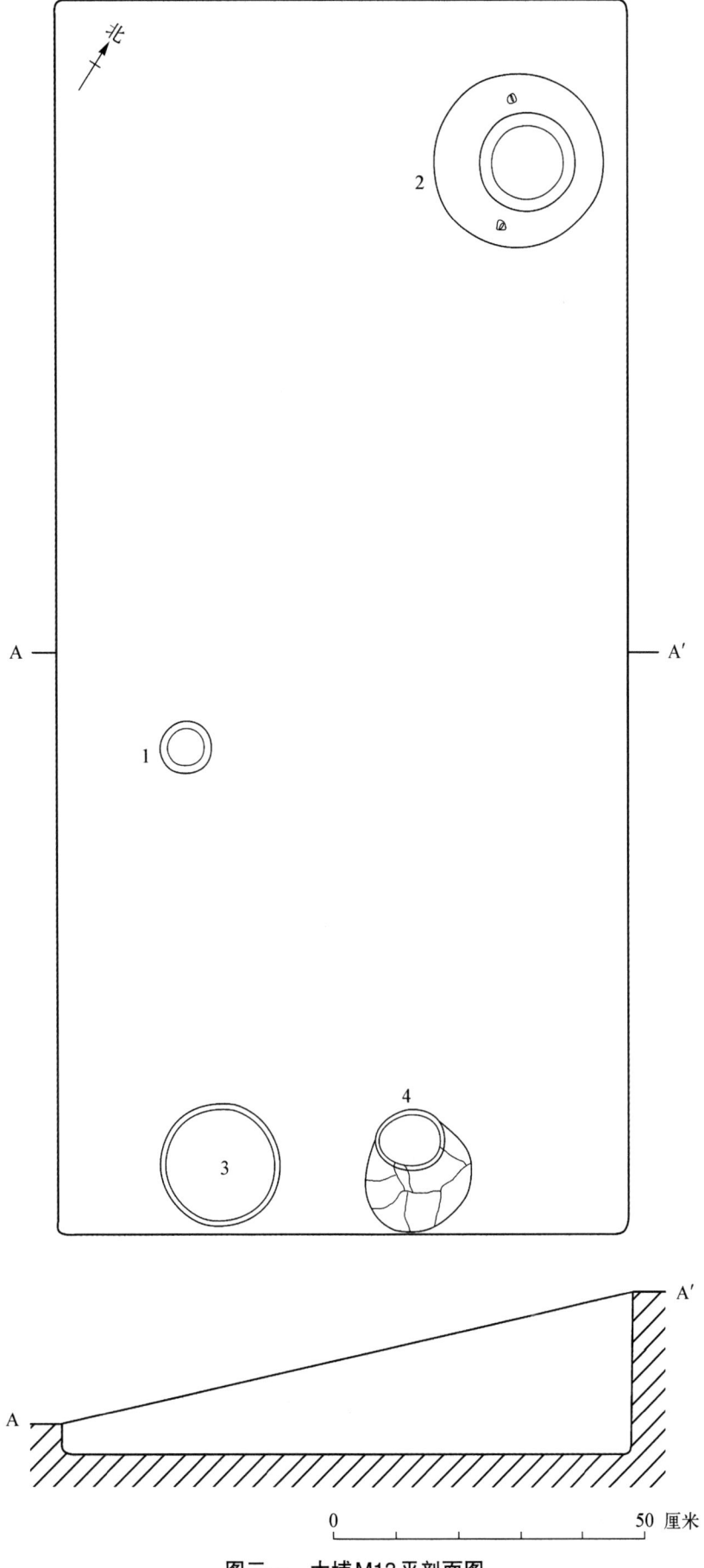

图三一 大埔 M13 平剖面图

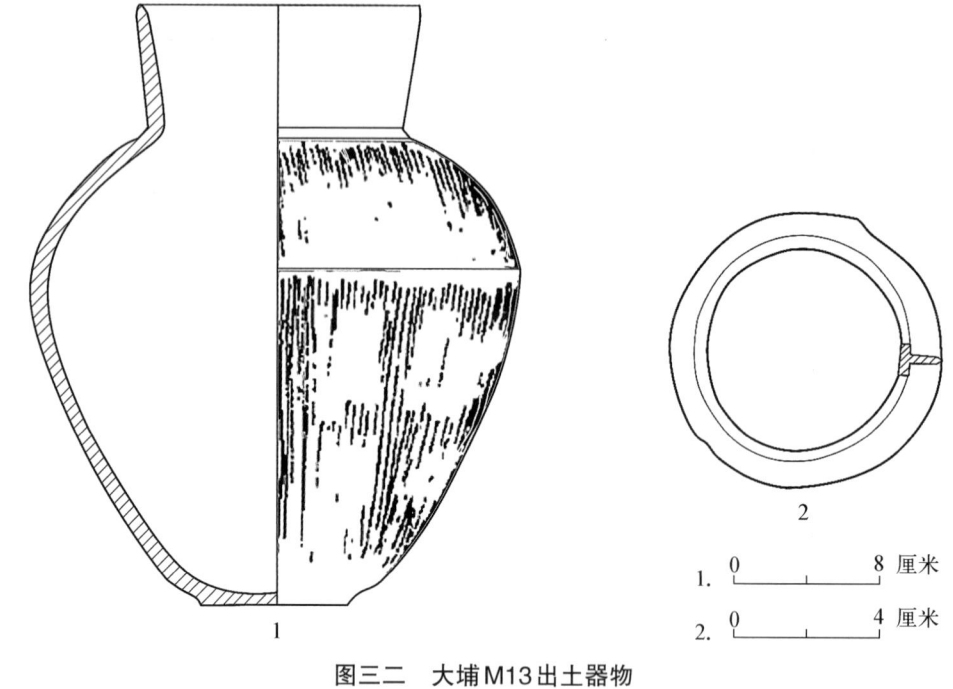

图三二　大埔 M13 出土器物

1. 陶尊（M13∶2）　2. 石环（M13∶1）

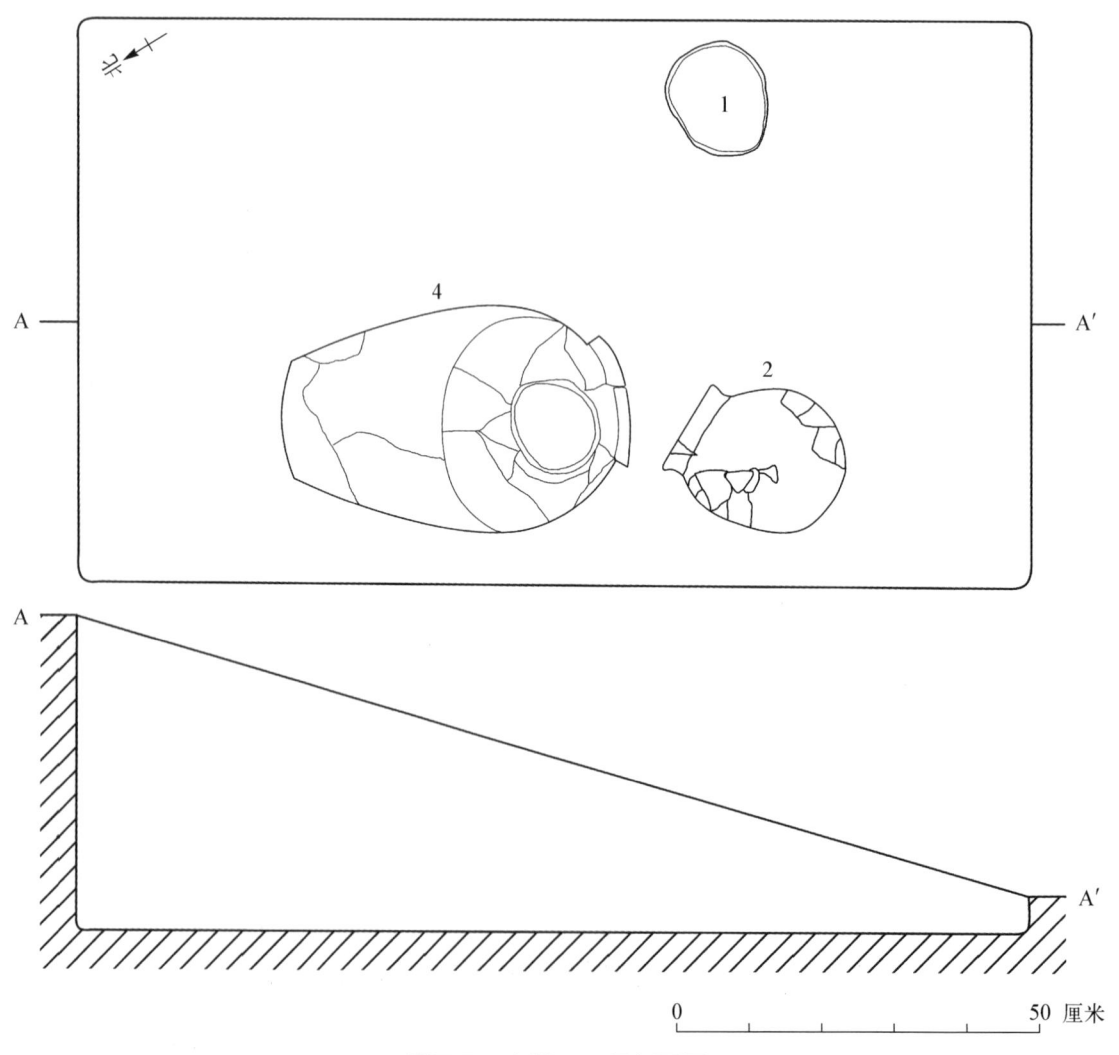

图三三　大埔 M14 平剖面图

M15

M15位于斜背岭东南坡,因水土流失,随葬品暴露于地表,残存部分长1.9、宽1、深0.05~0.3米,内填红黄色花土,方向285°(图三四,图版五七、1)。从平面图观察,共6件随葬品(含陶器碎片),有线图和照片者仅1件。

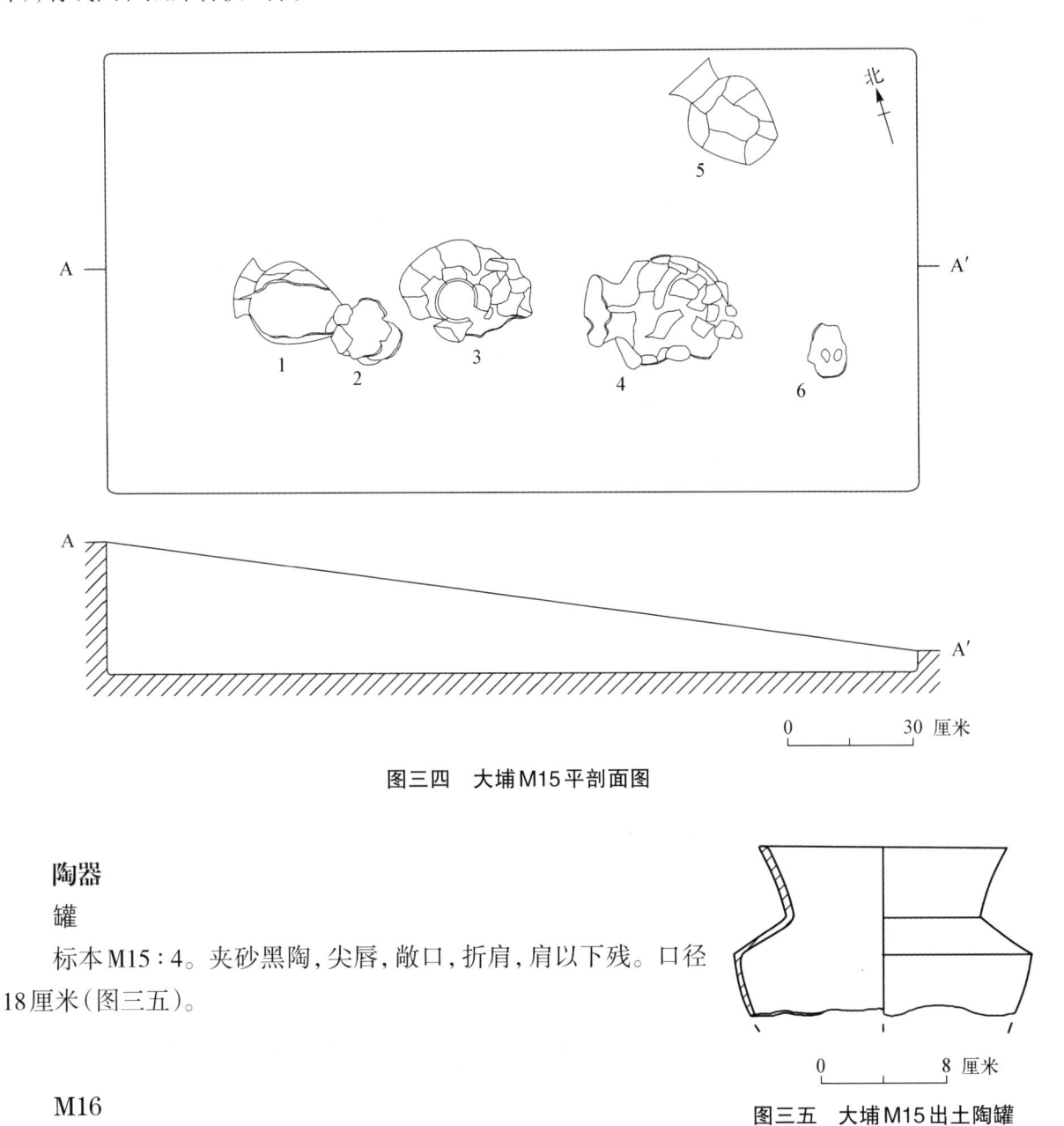

图三四 大埔M15平剖面图

陶器

罐

标本M15:4。夹砂黑陶,尖唇,敞口,折肩,肩以下残。口径18厘米(图三五)。

图三五 大埔M15出土陶罐 M15:4

M16

M16位于斜背岭山顶平台南侧,因水土流失,基本破坏殆尽,随葬品暴露于地表,残存部分长2.12、宽0.75、深0.1米,内填红黄色花土,方向255°(图三六,图版五七、2)。从平面图观察,共5件随葬品,未找到有线图和照片者。

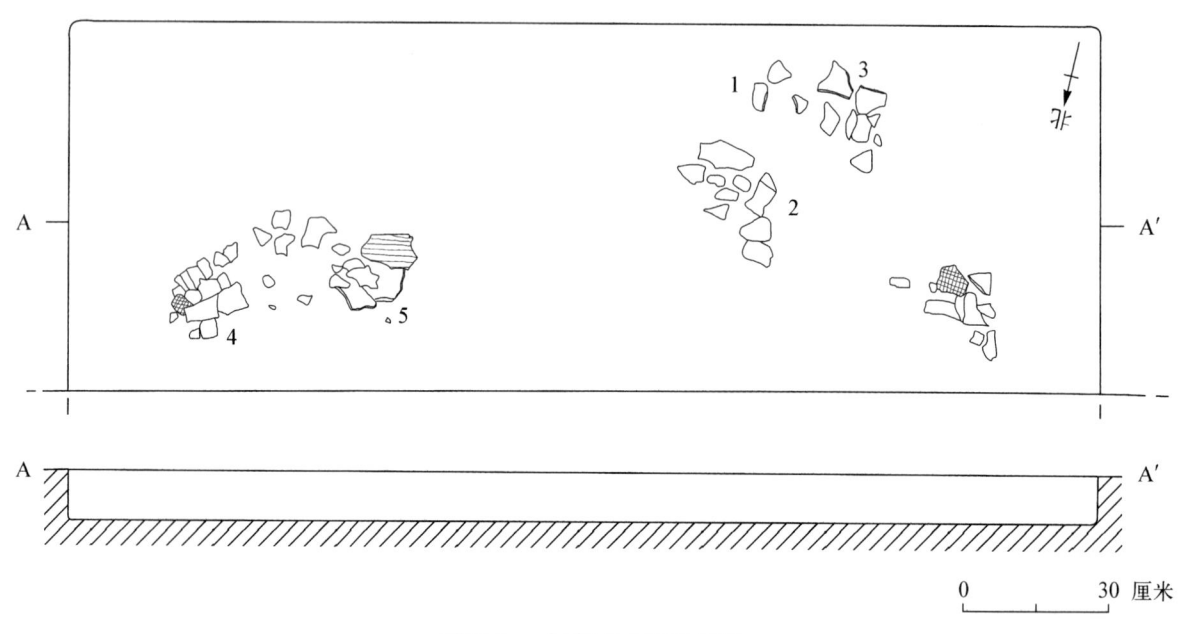

图三六　大埔 M16 平剖面图

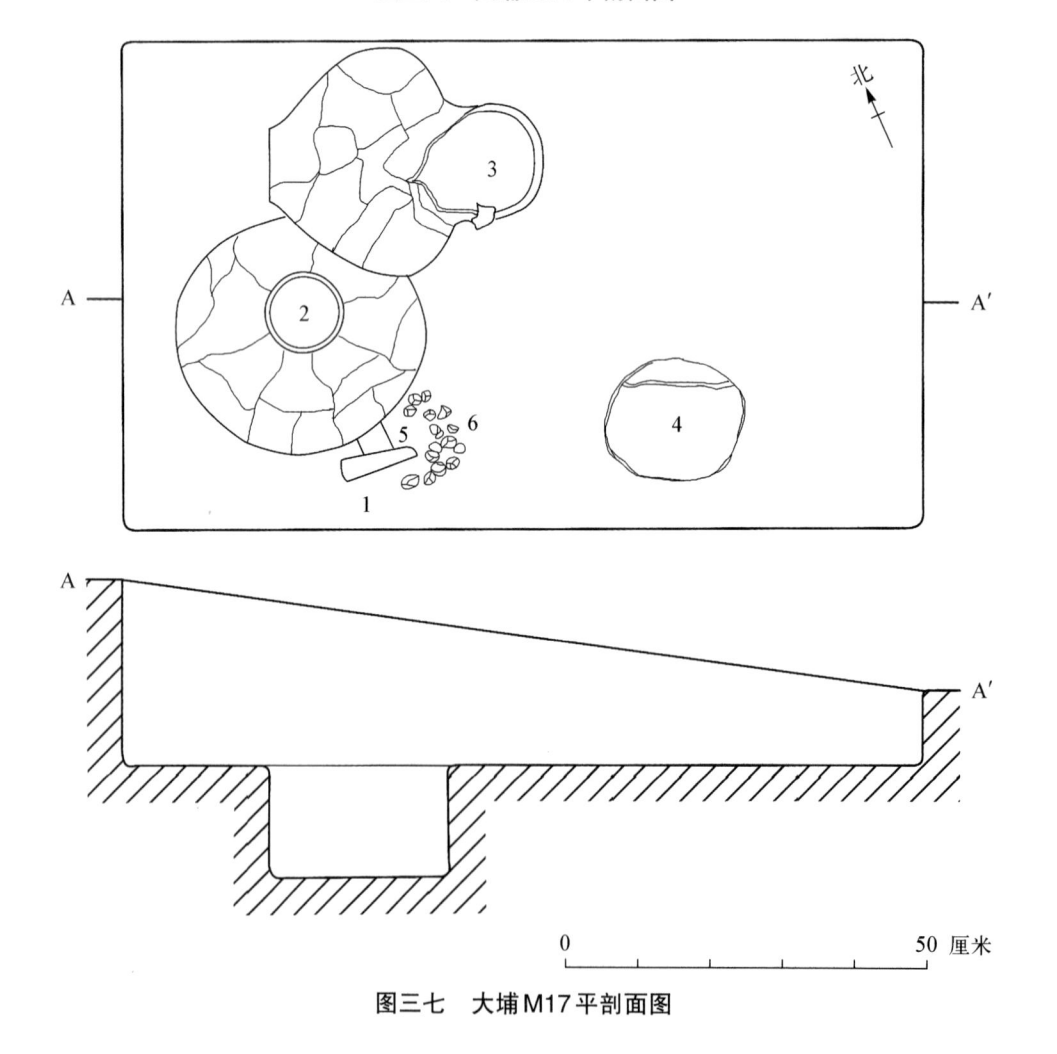

图三七　大埔 M17 平剖面图

M17

M17位于斜背岭东坡,因水土流失,遭到严重破坏,残存部分长1.1、宽0.6、深0.1～0.25米,内填红黄色花土,方向121°(图三七,图版五七、3)。从平面图观察,共6件随葬品(含小石子等),有线图和照片者仅1件。

陶器

罐

标本M17:2。泥质红陶,圆唇,侈口,领近直,窄斜肩,折腹,腹以下残。肩饰梯格纹。口径14、残高13厘米(图三八)。

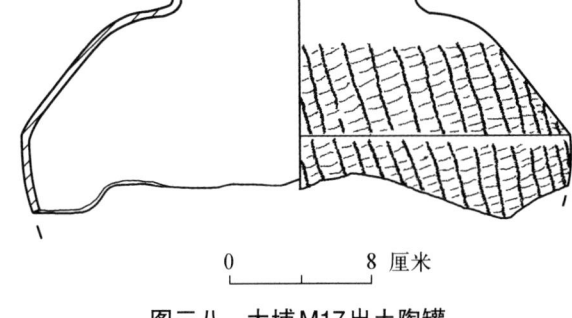

图三八 大埔M17出土陶罐 M17:2

M18

M18位于斜背岭山顶平台,因水土流失,几乎破坏殆尽,残存部分长1.3、宽0.7、深0.12米,内填红黄色花土,方向133°(图三九,图版五七、4)。从平面图观察,共3件随葬品,有线图和照片者仅1件。

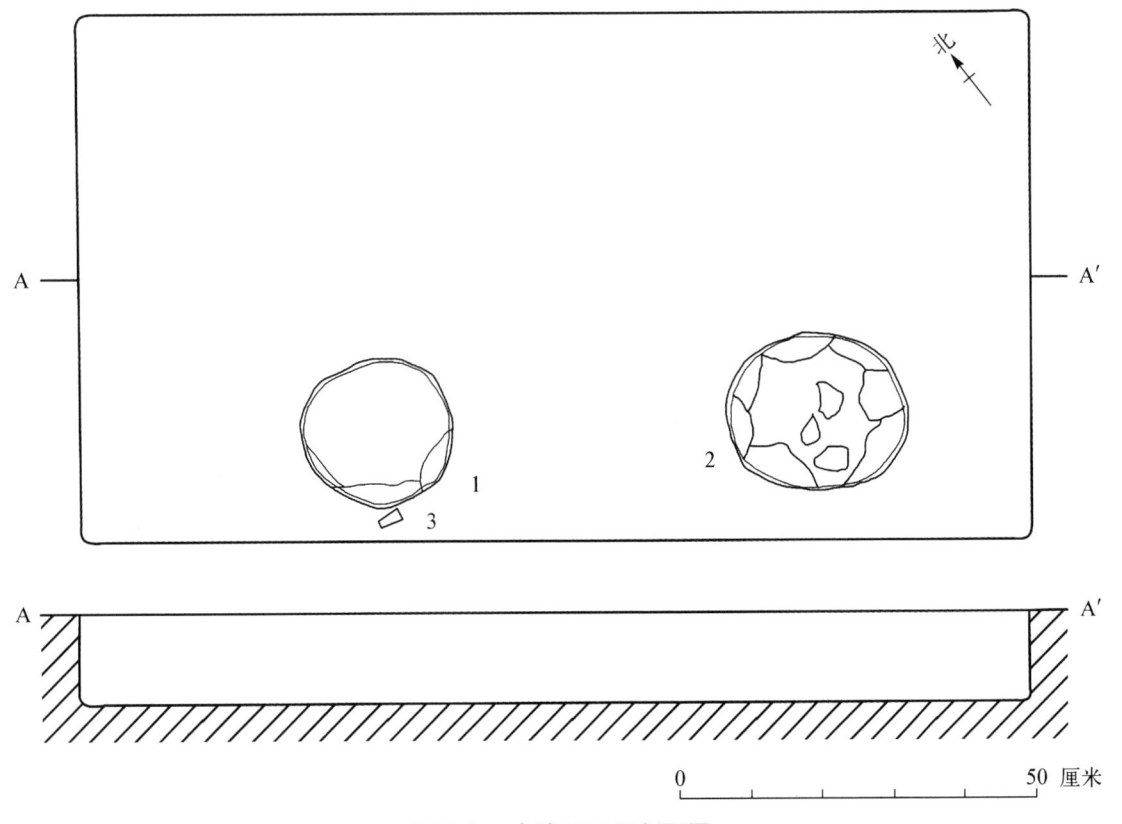

图三九 大埔M18平剖面图

石器

锛

标本M18∶3。梯形，截面为梯形，单面弧刃，刃面有使用痕迹，通体磨光。长3.4、刃宽1.6厘米（图四〇）。

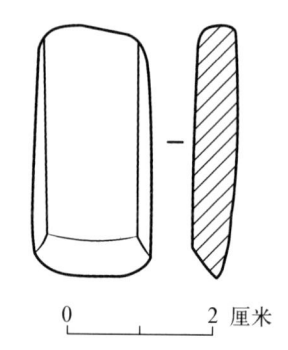

M19

M19位于斜背岭东南坡，因水土流失，陶豆已经暴露于地表，残存部分长1.9、宽0.95、深0.1~0.35米，内填红黄色花土，方向133°（图四一，图版五八、1）。从平面图观察，共3件随葬品，有线图和照片者仅1件。

图四〇　大埔M18出土石锛
M18∶3

陶器

豆

标本M19∶3。泥质橙红陶，盘部变形，圈足较高。高20.5厘米（图版五八、2）。

M20

M20位于斜背岭西北高地，因水土流失，随葬品已经暴露于地表，残存部分长2.7、宽1.2、深0.35~0.45米，内填红黄色花土，方向215°（图四二，图版五九、1）。从平面图观察，共19件随葬品，有线图和照片者9件。

玉石器

石戈

标本M20∶7。身较长，锋部宽于援部，援两侧略内弧，有刃起脊，内较短，有一穿。长22.2、最宽5.6厘米（图四三、1）。

标本M20∶8。身略短，援部宽于锋部，援两侧略外弧，有刃起脊，内较短，有一穿，内部有捆绑痕迹，长17.3、最宽6.2厘米（图四三、2）。

石镞

标本M20∶12。树叶形，挺短而宽。长6.7、翼宽1.9厘米（图四三、3）。

石锛

标本M20∶9。梯形，截面亦为梯形，单面平刃，通体磨光。长6.3、刃宽4.4厘米（图四三、4）。

标本M20∶16。单肩，截面呈梯形，单面平刃，通体磨光。长7、刃宽3.8厘米（图四三、5）。

图四一 大埔 M19 平剖面图

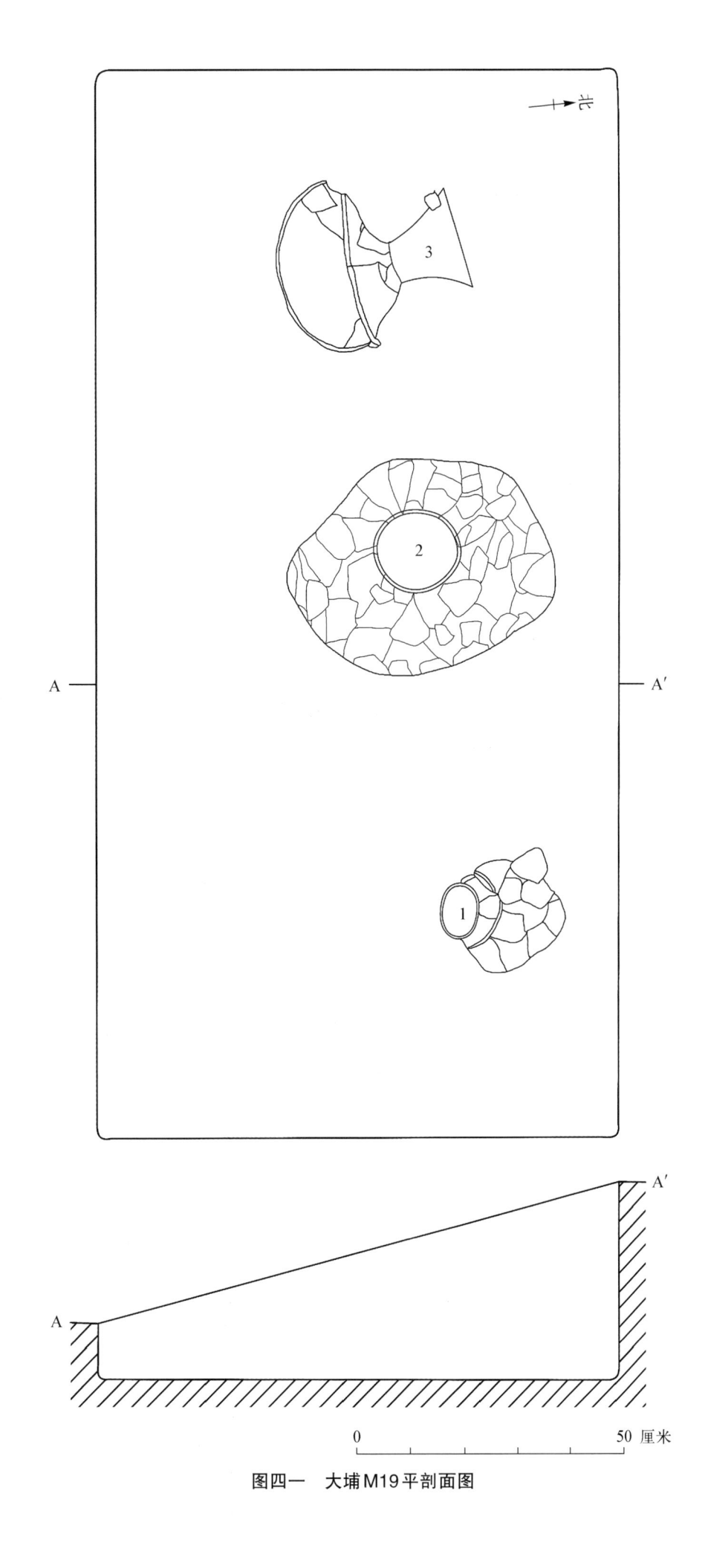

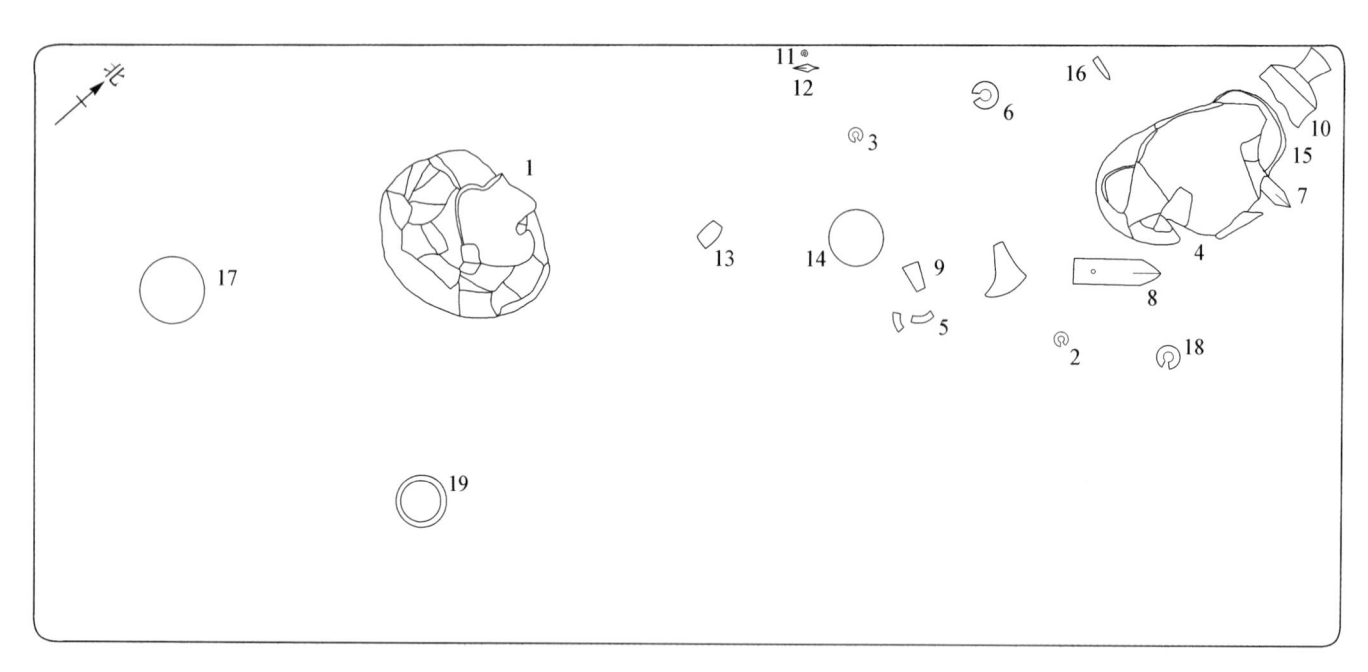

·46· 浮滨撷英：广东大埔、饶平原始瓷发现与研究

图四二　大埔 M20 平剖面图

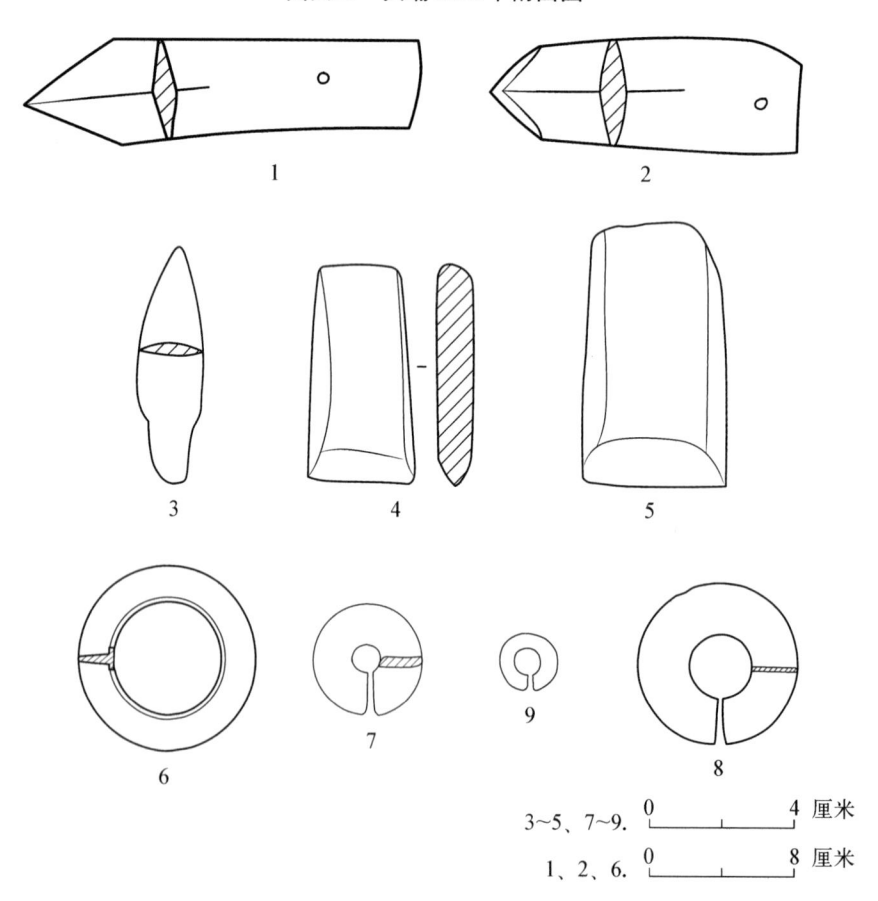

图四三　大埔 M20 出土玉石器
1、2. 石戈（M20∶7、8）　3. 石镞（M20∶12）　4、5. 石锛（M20∶9、16）　6. T形石环（M20∶19）　7～9. 玉玦（M20∶3、6、11）

T形石环

标本M20：19。内缘周边凸起，截面呈"T"形。外径10、孔径6、肉厚0.5厘米（图四三、6，图版五九、4）。

玉玦

标本M20：3。通体磨光。外径2.9、孔径0.9、肉厚0.15厘米（图四三、7，图版五九、2）。

标本M20：6。通体磨光。外径5、孔径2、肉厚0.2厘米（图四三、8，图版五九、3）。

标本M20：11。通体磨光。外径1.65、孔径0.95、肉厚0.2厘米（图四三、9）。

M21

M21位于斜背岭西北高地，水土流失严重，随葬品破碎且已经暴露于地表，残存部分长1.6、宽0.7、深0.15米，内填红黄色花土，方向276°（图四四，图版六〇、1）。从平面图观察，共5件随葬品，未能寻找到有线图和照片者。

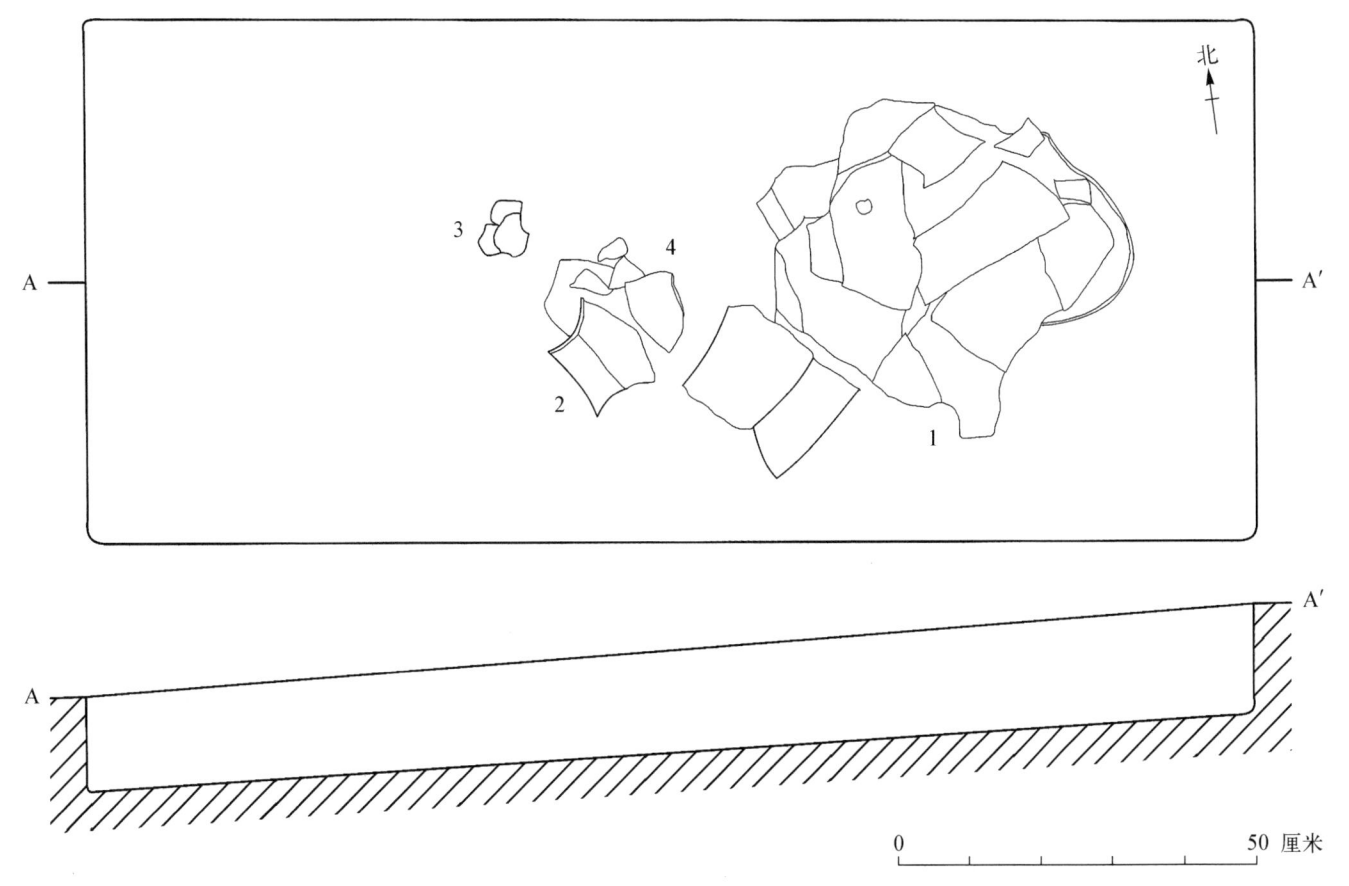

图四四　大埔M21平剖面图

M22

M22位于斜背岭西北高地,水土流失严重,随葬品破碎且已经暴露于地表,残存部分长2.2、宽0.96、深0.32米,内填红黄色花土,方向150°(图四五,图版六〇、2)。从平面图观察,共9件随葬品,有线图和照片者2件。

陶瓷器

大型尊

标本M22:1。泥质橙黄陶胎杂灰色,口部残,高领,折肩,深腹,平底。领肩结合部及折肩部各有一道凸棱,肩以下饰条纹,通体施酱黑色釉。残高39、底径8.5厘米(图四六、1)。

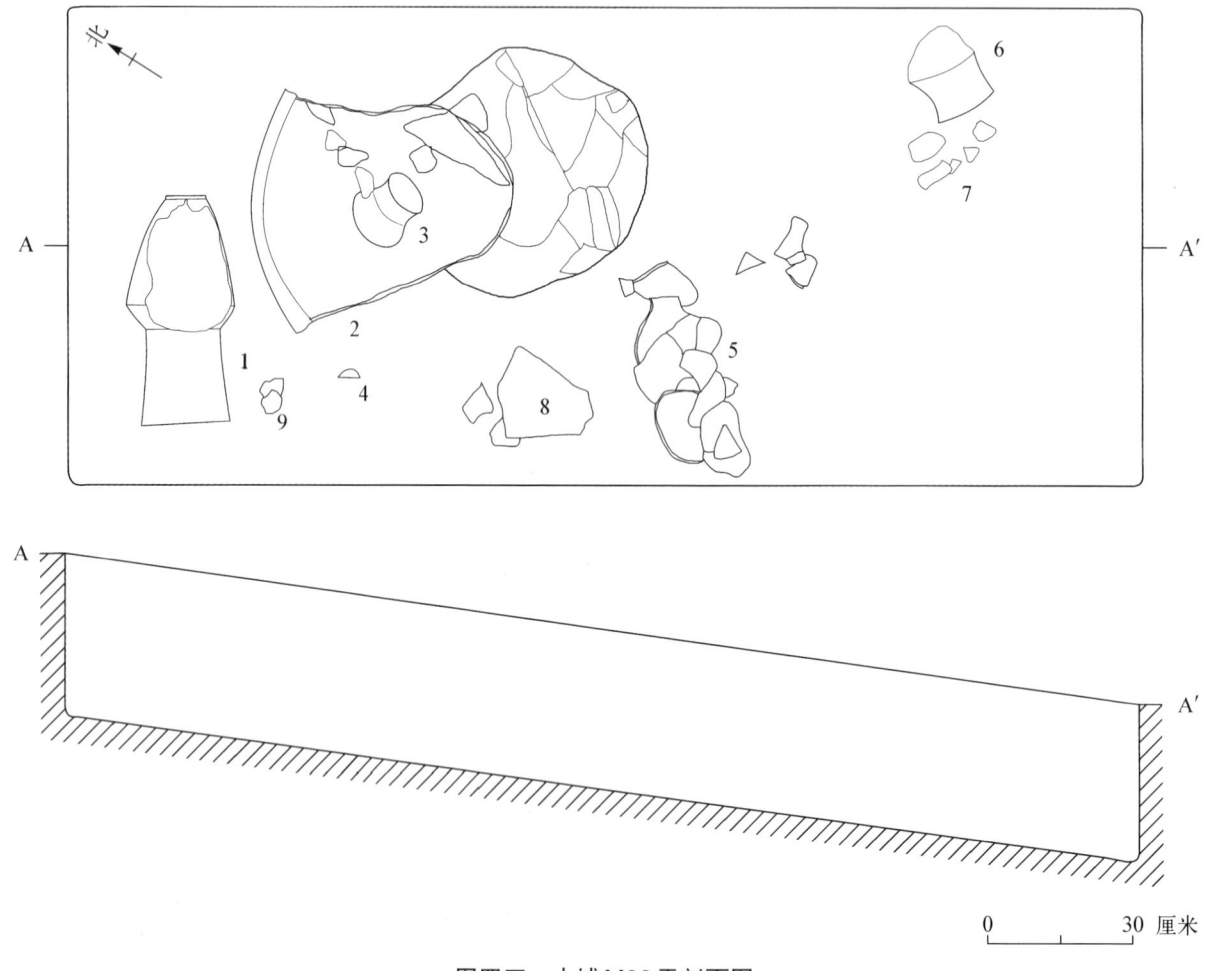

图四五 大埔M22平剖面图

石器

刀

标本M22∶4。呈半月形,单面平刃。高1.9、刃宽4.6厘米(图四六、2)。

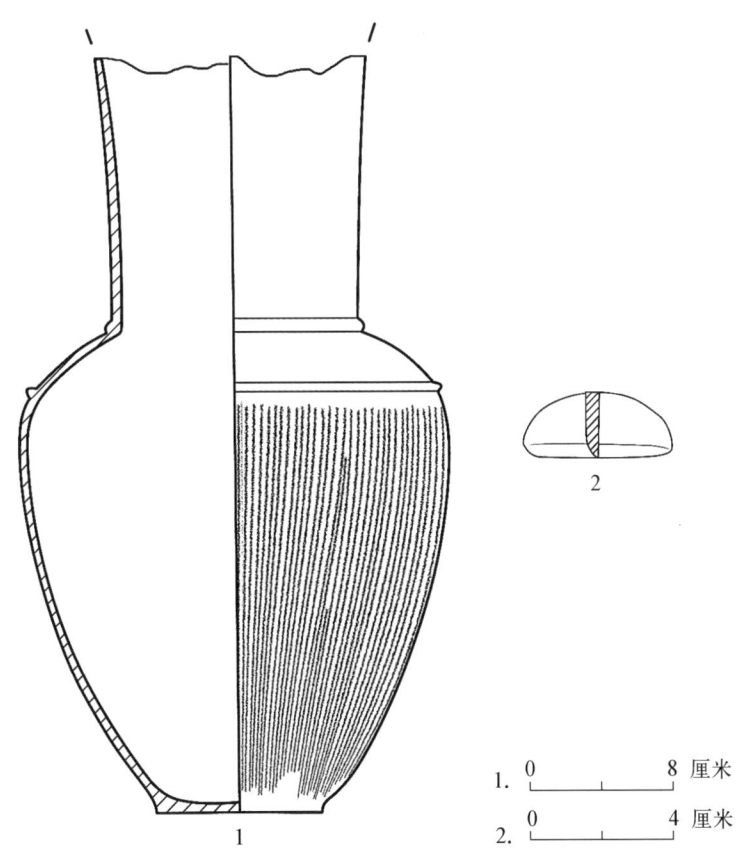

图四六　大埔M22出土器物

1. 陶尊(M22∶1)　2. 石刀(M22∶4)

第四章　大埔、饶平、丰顺浮滨文化采集品

除大埔、饶平两县的发掘资料之外，大埔、饶平、丰顺三县博物馆也收藏了不少浮滨文化的采集品，广东省博物馆也有一定数量的藏品。本章介绍上述四处收藏单位的藏品，之所以如此叙述，也是为了方便日后学者观摩实物，学者可按图索骥，往各博物馆上手着眼实物。

第一节　饶平县博物馆藏标本

饶平县博物馆藏标本主要是20世纪70年代发掘前后所收集的标本，分为陶瓷器和玉石器两部分介绍如下。

陶瓷器

陶瓷器的器类有尊、圈足罐、壶、豆、钵等。

大型尊

标本FB073。泥质灰黄陶，残存口部至腹部，圆唇，近平折沿，敞口，高领，折肩。肩、腹饰较细的条纹，领部内侧有弦纹。残高26.6、口径24.2厘米（图版六一、1）。1974年5月出土于饶平县浮滨镇桥头北。

标本FB074。泥质灰黄陶胎，圆唇，近平折沿，敞口，折肩，弧腹，小平底，底部与器身另外驳接，部分连接腹壁，中间为饼状实心足。肩、腹饰条纹，肩部分布三个圆圈状小泥饼，有釉，大部分已脱落。高52、口径27.9厘米（图版六一、2~3）。1974年5月出土于饶平县浮滨古墓葬。

标本FB069。泥质灰褐陶胎，口部残，折肩，折腹斜收，平底。颈部有一道凸弦纹，肩、腹粘接痕迹明显，肩、腹饰条纹，通体施酱色釉，部分脱落。残高19.2、底径7.8厘米（图版六二）。1974年5月出土于饶平县浮滨镇桥头西北古墓葬。

中型尊

标本FB067。泥质灰褐陶胎，圆唇，近平折沿，敞口，折肩，鼓腹，小平底，底部与器身另外驳

接，部分连接腹壁，中间为饼状实心足。颈部有一道凸弦纹，口沿对称分布两组圆形小孔，每组各两个，肩、腹饰条纹，肩部分布三个圆圈状小泥饼，腹部刻划"十"字形符号，通体施酱色釉，器身有脱落，底部磨损明显。高25.6、口径17厘米（图版六三）。1974年5月出土于饶平县浮滨古墓葬。

标本FB068。泥质灰黄陶胎，圆唇，近平折沿，敞口，鼓腹，平底。颈部有一道凸弦纹，肩、腹饰条纹，釉大部分已脱落。高25.2、口径13.6厘米（图版六四）。1974年5月出土于饶平县浮滨古墓葬。

标本FB070。泥质浅灰黄陶胎，圆唇，近平折沿，敞口，折肩，折腹斜收，平底。颈部有一道凸弦纹，肩、腹饰条纹，釉大部分脱落。高23.5、口径12.8厘米（图版六五）。1974年5月出土于饶平县浮滨镇桥头东。

标本FB071。泥质灰陶胎，圆唇，平折沿，敞口，折肩，弧腹，平底。肩、腹饰条纹，釉已脱落。高26.6、口径14.4厘米（图版六六）。1974年5月出土于饶平县浮滨镇桥头西古墓葬。

豆

标本FB057。泥质灰陶，圆唇，侈口，折腹，喇叭形圈足，盘内壁轮制痕迹明显。高15.1、口径17.4厘米（图版六七）。1974年5月出土于饶平县浮滨镇桥头北古墓葬。

带把壶

标本FB059。泥质灰黄陶，圆唇，敞口捏流，有领，圆鼓腹，大圜底，口部至上腹部附宽把手，把手上有兽角状贴塑，颈部刻划有斜条纹，近底部腹壁有陶拍修整痕迹。高15.4、口径7.6厘米（图版六八）。1974年5月出土于饶平县浮滨古墓葬。

标本FB066。泥质灰褐陶胎，尖圆唇，敞口，斜长颈，近圆鼓腹，口部至上腹部附扁宽形把手，圜底。腹部饰条纹，肩部对称分布三个圆圈状小泥饼，底部以上通体施酱色釉。高14.8、口径11厘米（图版六九）。1974年5月出土于饶平县浮滨镇桥头西北古墓葬。

圈足壶

标本FB061。泥质灰黄陶胎，圆唇，口略变形，束颈，矮直领，折腹斜收，尖圜底，喇叭形圈足，足底有外平折的沿部。腹上部有弦纹，器表施酱黑色釉，保存较好，圈足内壁釉少，足沿釉有磨损。高19.9、口径10.4～11厘米（图版七〇）。1974年5月出土于饶平县浮滨古墓葬。

标本FB064。泥质橙黄陶胎杂灰色，圆唇，侈口，束颈，口部椭圆，深腹，矮圈足外撇。口沿对称分布两组圆形小孔，每组各两个，腹部饰条纹，器表酱釉大部分已脱落。高23.8、口径8.5～9厘米（图版七一）。1974年5月出土于饶平县浮滨古墓葬。

折肩罐

标本FB049。泥质橙黄陶胎，圆唇，窄卷沿，束颈，折肩，腹斜收，平底，矮圈足。口沿对称分布两组圆形小孔,每组各两个,腹部饰条纹,通体施酱黑色釉,圈足内壁釉稀少。高13.1、口径9.76厘米(图版七二、1～2)。1974年5月出土于饶平县浮滨镇桥头西北古墓葬。

标本FB050。泥质灰黄陶,圆唇,敞口,折沿,折肩,肩、腹部结合处有粘接所留凸棱,鼓腹,平底。口沿以下通体饰条纹。高11.9、口径7.8厘米(图版七二、3～4)。1974年5月出土于饶平县浮滨古墓葬。

标本FB051。泥质灰黄陶,圆唇略凸,敛口,束颈,斜折肩,腹斜直,平底。肩以下饰条纹。高14.5、口径12.51、肩径14.67厘米(图版七三、1～3)。1974年5月出土于饶平县浮滨古墓葬。

标本FB065。泥质橙红陶,尖圆唇,敛口,束颈,斜折肩,腹斜收,下腹近底处平折至底,喇叭形矮圈足。腹部对称分布四道凸弦纹。高15.5、口径10.55厘米(图版七三、4～6)。1974年5月出土于饶平县浮滨古墓葬。

葫芦领罐

标本FB058。泥质灰黄陶,器表灰黄色,圆唇,侈口,近葫芦形领部,束颈,折腹,平底,可见底与腹壁粘接痕迹。高17.5、口径11.05厘米(图版七四、1～3)。1974年5月出土于饶平县浮滨古墓葬。

标本FB062。泥质灰黄陶,形制同上,略变形,高10.2、口径6.3厘米(图版七四、4)。1974年5月出土于饶平县浮滨古墓葬。

钵

标本FB046。泥质橙黄陶杂灰褐色,圆唇,敞口,下腹折收,平底,内壁有轮制痕迹。高7.3厘米(图版七五、1～2)。1974年5月出土于饶平县浮滨古墓葬。

标本FB047。泥质橙黄陶胎杂灰褐色,圆唇,敞口,下腹折收,平底,器身有轮制痕迹。器表施酱色釉,大部分已脱落。高6.5、口径15.56厘米(图版七五、3～4)。1974年5月出土于饶平县浮滨古墓葬。

标本FB055。泥质橙红陶胎,圆唇,侈口,束颈,折腹斜收,平底。素面,器身有轮制痕迹。器表施酱色釉,大部分已脱落。高4.9、口径7.47厘米(图版七五、5～6)。1974年5月出土于饶平县浮滨镇桥头西古墓葬。

高领罐

标本FB060。器形较小,泥质灰黄陶,圆唇,斜直领较高,束颈,圆鼓腹,圜底。腹部刻划有"十"字形符号。高8.2、口径5.9厘米(图版七六、1)。1974年5月出土于饶平县浮滨古墓葬。

小壶

标本FB063。泥质灰黄陶,圆唇,卷沿,侈口,束颈,折腹斜收,小圜底,矮圈足外撇。口沿对称分布两组圆形小孔,每组各两个,器身上部有轮制痕迹,器表有酱色釉,大部分已脱落。高

14.2、口径9.87厘米（图版七六、2~3）。1974年5月出土于饶平县浮滨古墓葬。

小釜

标本FB052。夹砂灰黑陶，圆唇，侈口，束颈，弧腹，圜底。素面。高4.8、口径4.67厘米（图版七六、4）。1974年5月出土于饶平县浮滨古墓葬。

玉石器

玉石器之器类主要有石矛、石戈、石锛、玉环。

石矛

标本FB001。器扁平，两翼平面近三角形，两侧有刃，近锋部有脊，骹部长方形，通体磨光。长12.1、翼宽3.7厘米（图版七七、1）。1974年5月出土于饶平县浮滨古墓葬。

标本FB038。锋翼部截面呈菱形，其中两侧有刃，骹部长方体，通体磨光。长22.8、翼宽4.5、厚2.07厘米（图版七七、2~3）。1982年文物普查时饶平县樟溪镇径北村刘潮忠捐赠。

石戈

标本FB004。援微弧，内、锋部窄于援部，无穿，隆脊不明显。扁平体，两侧稍加磨制，其他则保留了打制的疤痕。长13.1、宽5.1厘米（图版七七、4~6）。1974年5月出土于饶平县浮滨古墓葬。

标本FB007。器身呈桂叶形，最宽处在锋、援结合处，内部一穿近尾部，无脊，通体磨光，磨制精细。长21.4、宽8.3厘米（图版七八、1）。1974年5月出土于饶平县浮滨镇桥头北古墓葬。

标本FB008。器身呈圭形，锋部略向下，隆脊明显，内部一穿，通体磨光，刃部有磕损。长24.9、宽9厘米（图版七八、2）。1974年5月出土于饶平县浮滨镇桥头北古墓葬。

标本FB010。器身呈圭形，援边缘磨制得略向内弧，内部最宽，有两穿，其中一个位于内尾部，存一半，似为重新修整磨制导致，通体磨光。长18.1、宽6.61厘米（图版七八、3）。1974年5月出土于饶平县浮滨古墓葬。

标本FB037。瘦长体，援部微隆，长方内，一穿，刃部稍残，通体磨光，磨制精细，与浮滨文化所见青铜戈形态非常接近。残长17.4、宽5.5厘米（图版七九、1~2）。1982年文物普查时由饶平县新丰镇扬康村刘波捐赠。

石锛

标本FB014。长身，器身截面呈梯形，单面刃斜直，磨制精细。长7.3、刃宽2厘米（图版七八、4）。1974年5月出土于饶平县浮滨古墓葬。

标本FB023。略呈长方形，器身截面呈梯形，单面弧刃，刃面内凹，器身保留较多打制疤痕。长8.1、刃宽4.7厘米（图版七八、5）。1974年5月出土于饶平县浮滨古墓葬。

玉环

标本FB044。残，通体鸡骨白色，截面为圆角长方形。外径8.5、孔径6厘米（图版七九、3～4）。1974年5月出土于饶平县浮滨古墓葬。

第二节　广东省博物馆藏饶平标本

广东省博物馆藏标本主要是20世纪70年代饶平县浮滨古墓葬发掘所收集的标本，与饶平县博物馆的藏品为同一批次的遗物，分为陶瓷器、玉石器、铜器等几个部分介绍如下。

陶瓷器

陶瓷器的器类有尊、豆、壶、罐等。

大型尊

标本甲4418。泥质灰黄陶胎，口及器身有破损，圆唇，近平折沿，敞口，高领，折肩，深腹，小平底，底部为另外粘接，底凸出呈饼状。领部有弦纹，肩、腹饰较细的条纹，近底部无纹饰，上半部酱色釉保存较好。高38.5、口径26厘米（图版八〇、1～3）。

标本甲5272。泥质橙红陶，口领部残，折肩，斜弧形腹壁，小平底，底部作法同标本甲4418。残高20、底7厘米（图版八〇、4～5）。

豆

标本甲5267。泥质灰陶，器表为橙黄色，圈足残，圆唇，盘壁略内弧，折腹，圜底，矮喇叭形圈足，足底缘外平折。口部有两组穿孔，每组两个。高9、口径10厘米（图版八一、1～2）。

标本甲5269。泥质橙红陶胎杂灰色，口及圈足均稍残，圆唇，口部略变形，盘壁略内弧，折腹，圜底，矮喇叭形圈足，足底缘外平折。口部有两组穿孔，每组两个，圈足一侧刻划有"✦"符号，盘内外和圈足外施酱黄色釉，有脱落现象，圈足内壁基本无釉，圜底外侧粘有烧造时的黏结物。高17、口径20厘米（图版八一、3～5）。

标本甲5270。泥质橙红陶胎杂灰色，口及圈足均稍残，圆唇，口有些许变形，盘壁略内弧，折腹，圜底，矮喇叭形圈足，足底缘外平折。口部有两组穿孔，每组两个，盘内外和圈足外施酱黄色釉，有脱落现象，足内壁有少量釉。高13、口径14厘米（图版八二、1～3）。

带把壶

标本甲4422。泥质灰褐陶胎，尖圆唇，敞口，斜长颈，近圆鼓腹，口部至上腹部附扁宽形把手，圜底。腹部饰条纹，肩部对称分布三个圆圈状小泥饼，底部以上通体施酱色釉。高20、口径13厘米(图版八二、4)。

标本甲5275。泥质灰陶胎,器表红褐色,口及腹部、把手均残,器壁较厚,残存部分领与器身粘接,近圆鼓腹,圜底。腹部饰条纹,肩部对称分布三个圆圈状小泥饼,底部以上通体施酱黑色釉,残留的釉较厚,腹中部以下剥落明显。残高14厘米(图版八三、1～3)。

圈足壶

标本甲5274。泥质橙红陶胎,口部及圈足残,残存部分直领,折肩,深腹,斜弧腹壁,平底接圈足,足略外撇。器表施酱黑色釉,剥落明显。残高17厘米(图版八三、4～5)。

壶

标本甲4421。泥质橙黄陶胎,圆唇,侈口,束颈,斜折肩,弧形腹壁,平底,底与腹壁另外粘接。肩部有弦纹,腹部为条纹,从口部施酱黄色釉至腹部,近底部未施釉,肩部釉厚,腹部较薄且脱落。高18、口径12.3厘米(图版八四)。

标本甲5265。泥质橙黄陶,呈饼干状开裂,圆唇,侈口,束颈,斜肩,弧形腹壁,圜底近平。高10、口径4厘米(图版八五、1～2)。

罐

标本甲5277。泥质灰陶,火候较高,器壁较厚,口部残,残存部分为垂腹,大圜底。残高7厘米(图版八五、3～4)。

石器

矛

标本甲4416。两翼平面近三角形,两侧有刃,近锋部有脊,骹部长方形,通体磨光。长14、翼宽3.3厘米(图版八六、1)。

戈

标本甲4410。锋部稍残,援部略宽于内部,锋部有刃,内有一穿,通体磨光。残长20、宽6.5厘米(图版八六、2)。

标本甲5198。扁平体,锋部有刃。长16、宽6厘米(图版八六、3)。

标本甲5200。断裂且锋部残,锋及援前部两侧有刃,内有一穿,通体磨光。残长21、宽7.8厘米(图版八六、4)。

标本甲5201。锋、援边缘有崩茬,锋端残,锋及援前部有脊且两侧有刃,内有两穿,通体磨光。残长21、宽5.8厘米(图版八七、3)。

标本甲5204。锋、援边缘有崩茬,锋及援部两侧有刃,内稍宽,有一穿,通体磨光。残长18、宽7厘米(图版八七、1)。

标本甲5205。锋、援边缘有崩茬,援部略宽于锋、内,内有一穿,通体磨光。长27.8、宽9厘米(图版八七、2)。

标本甲5207。锋、援边缘有崩茬,锋端残,锋部两侧有刃,内有两穿,通体磨光。残长24.8、宽7厘米(图版八七、4)。

锛

标本甲5218。长身,单面斜刃,刃部有崩茬,器身正面磨光,背面留有打制疤痕。长14、宽5厘米(图版八八、1～2)。

标本甲5221。长身梯形,截面亦为梯形,单面斜刃,刃面内凹,刃部有崩茬,器身正面磨光,背面留有打制疤痕。长14、宽5厘米(图版八八、3～4)。

标本甲5223。长身,截面近椭圆形,单面斜刃,刃面内凹,刃部有崩茬,器身正面磨光,背面留有打制疤痕。长9、宽5厘米(图版八九、1～2)。

标本甲5228。梯形,截面近椭圆形,单面弧刃,刃面内凹,器身正面磨光,背面留有打制疤痕。长8、宽6厘米(图版八九、3～4)。

砺石

标本甲4420。不规则形,有两磨蚀面。长28、宽12、厚10厘米(图版九〇、1)。

铜器

铜戈

标本甲4409。长身,内部宽于援、锋,有脊,两侧有刃,有阑,一穿。长17.5厘米(图版九〇、2)。

第三节 大埔县博物馆藏标本

大埔县博物馆藏标本主要是20世纪80年代发掘所收集的标本,分为陶瓷器和石器。介绍如下。

陶瓷器

陶瓷器的器类有尊、豆、壶、罐等。

小型尊

标本DBT001781。泥质橙黄陶胎,口领部残,残存部分敞口,高领,领肩结合处有粘接痕迹,折肩，斜腹壁，肩腹部亦有粘接痕迹，平底。领肩、肩腹粘接处均有一周凸棱，肩部以下有较浅的条纹，领部内外残留酱色釉。残高7.7、底径2.7厘米（图版九一、1～3）。

标本DBT000015。泥质橙黄陶胎，口领部残，残存部分敞口，高领，圆肩，斜腹壁，小平底。由于粘接的原因，透过釉依稀可见领肩、肩腹结合痕迹，通体内外施酱黑色釉，近底部稀少，底部无釉。残高11.8、底径7厘米（图版九一、4～6）。

标本DBT000016。泥质橙黄陶胎，口领部残，残存部分敞口，鼓腹，小平底，通体内外施酱黑色釉，底部无釉，粘有烧制的黏结物。残高15、底径8厘米（图版九二、1～2）。

圈足尊

标本44142201-70。泥质橙黄陶，口领部稍残，圆唇，敞口，折肩，斜弧形腹壁，圜底接矮圈足，肩腹部有粘接所留的一周凸棱。高34、口径25.6厘米（图版九二、3～4）。

带把壶

标本44142201-78。泥质橙红陶胎，圆唇，敞口，口有扭流，高领，球腹，圜底，流相对口部至腹部有宽把，把手两端各有2个乳钉，且装饰有线状凸棱，通体施酱色釉。高17.1、口径10.2厘米（图版九三、1～2）。

圈足壶

标本44142201-71。泥质橙黄陶，圆唇，敞口，平折沿，有领，束颈，球腹，圜底接矮圈足。高28.2、口径18.3厘米（图版九三、3～4）。

标本44142201-75。泥质橙黄陶胎，口沿残缺，圈足有裂缝，圆唇，侈口，束颈，近垂腹较深，圜底接矮圈足。口部有两组穿孔，每组两个，腹部有条纹，通体施酱色釉。高13.6、口径7.6厘米（图版九四、1～2）。

标本44142201-76。泥质橙黄陶胎，口沿及圈足残缺，圆唇，侈口，束颈，近折腹，圜底接矮圈足。腹部有条纹，通体内外施酱黑色釉，圈足内壁釉有脱落。高13.6、口径7.6厘米（图版九四、3～5）。

标本44142201-93。泥质橙黄陶胎，圈足残缺，圆唇，侈口，束颈，鼓腹近垂，圜底接矮圈足。腹部有条纹，通体内外施酱黑色釉，圈足内、外壁釉有脱落。高13.6、口径8.5厘米（图版九五、1～2）。

标本44142201-94。泥质灰黄陶，圈足残缺，圆唇，侈口，束颈，窄肩，垂腹近折，大圜底接矮圈足。口部有两组穿孔，每组两个。高14.1、口径7.4厘米（图版九五、3～5）。

标本44142201-95。泥质灰黄陶胎，口及圈足残缺，圆唇，侈口，束颈，垂腹近折，大圜底接矮圈足。通体内外施酱色釉，脱落显著。高13.5、口径8.5厘米（图版九六、1～2）。

标本44142201-97。泥质灰黄陶胎，口及圈足残缺，圆唇，侈口，束颈，垂腹近折，大圜底接矮圈足。口部有两组穿孔，每组两个。通体内外施酱色釉，脱落，圈足底部釉有磨损。高12.4、口径

7.7厘米(图版九六、3～4)。

标本44142201-90。泥质橙黄陶胎,口及圈足残缺,圆唇略凸,侈口,束颈,深腹,圜底接矮圈足。通体内外施酱色釉,大部分已经脱落。高20.9、口径9.2厘米(图版九七、1～2)。

标本44142201-92。泥质橙红陶胎,口及圈足残缺,器壁较厚,圆唇,直领,窄折肩,斜弧腹,圜底接外撇矮圈足。通体内外施酱色釉,部分脱落。高12、口径7.6厘米(图版九七、3～4)。

标本44142201-98。泥质橙黄陶胎夹灰色,口及圈足残缺,器壁较厚,圆唇,口较大,领壁略内弧,窄折肩,斜弧腹,圜底接外撇矮圈足。腹部有条纹,通体内外施酱色釉,内壁薄于外壁,部分脱落。高13.7、口径10.9厘米(图版九八、1～3)。

葫芦领罐

标本44142201-72。泥质橙黄陶胎。口残缺,圆唇,敞口,领部近葫芦形,圆折肩,弧形腹壁,下腹内收接小平底,肩腹部有粘接痕迹。腹壁外侧有烧制时残留的烧结物,通体施酱色釉,脱落明显。高23、口径13.4厘米(图版九八、4～6)。

豆

标本44142201-87。泥质橙黄陶胎,口及圈足有残缺,圆唇,侈口,盘壁较直,折腹,圜底,喇叭形圈足。盘内壁有轮制痕迹,口部相对有两个穿孔,通体施酱黄绿色釉,盘外壁较厚且保存较好。高11.8、口径12.8厘米(图版九九、1～3)。

标本44142201-89。泥质橙黄陶,口及圈足有残缺,圆唇,侈口,折腹,喇叭形圈足,圜底。盘内、外壁有轮制痕迹。高16.4、口径14.2厘米(图版九九、4～5)。

标本44142201-85。泥质橙黄陶胎,口及圈足有些许残缺,圆唇,微敛口,折腹,盘壁内弧,圜底,喇叭形圈足稍高,足底部外撇。盘内、外壁有轮制痕迹,通体内外施酱色釉。高16.7、口径16.6厘米(图版一〇〇、1～2)。

标本44142201-82。泥质橙黄陶胎,圈足有残缺,圆唇,微敛口,折腹,盘壁内弧,圜底,喇叭形圈足稍高,足底部外撇。盘内、外壁有轮制痕迹,口部有两组相对的穿孔,每组两个,通体内外施酱色釉,脱落明显。高16.7、口径16.6厘米(图版一〇〇、3～5)。

标本44142201-84。泥质橙红陶胎,口及圈足有残缺,圆唇,微敛口,折腹,盘壁内弧,圜底,喇叭形圈足稍高,足底部外撇。盘内、外壁有轮制痕迹,底部可见圈足与盘粘接痕迹,通体内外施酱色釉,稍有脱落。高17.4、口径13.9厘米(图版一〇一)。

标本44142201-88。泥质橙红陶胎,口及圈足有残缺,圆唇,直口,折腹,盘壁内弧较甚,圜底,喇叭形圈足稍高,足底部外撇。盘内、外壁有轮制痕迹,底部可见圈足与盘粘接痕迹,通体内外施酱色釉,稍有脱落。高16.4、口径14.2厘米(图版一〇二、1～2)。

钵

标本44142201-77。泥质橙黄陶夹灰色,尖圆唇,侈口,折腹,腹壁稍内弧,圜底。腹内、外壁有轮制痕迹。高8.5、口径18.5厘米(图版一〇二、3~4)。

石器

均为戈。

标本44142201-21。体较宽,援一缘微弧,内、锋部窄于援,锋、援部起脊且有刃,一穿,通体磨光。长17.5、宽6.3厘米(图版一〇三、1)。

标本44142201-22。体长,援一缘内弧,援部窄于内、锋,锋、援部起脊且有刃,一穿,通体磨光。长22.1、宽5.4厘米(图版一〇三、2)。

标本44142201-173。体长,援一缘内弧略弯曲,锋部略下垂且较长,锋部起脊且有刃,内有一穿,通体磨光。长29.8、宽5.8厘米(图版一〇三、3)。

第四节　丰顺县博物馆藏标本

丰顺县博物馆所藏浮滨文化文物为历年采集,数量少。介绍如下。

石器

矛

标本DSC_1425。三角形,锋两侧有刃,通体磨光。采集于丰顺县潘田田头岽。长10.1、宽4.1厘米(图版一〇四、1)。

戈

标本DSC_1437。锋、援部有崩茬,起脊,两侧有刃,内有一穿。采集于丰顺县潘田中心大队。长19.8、宽5.8厘米(图版一〇四、2)。

第五章 结 语

本书为报告性质的图录,故本章就书中所及主要器物的类型学研究以及所在墓葬的分期、年代、文化因素等问题提出些个人意见,供研究者参考、批评。

首先谈谈关于夏、商时期中国东南地区的原始瓷与釉陶的称谓,或者说是概念问题。毕竟这个概念与浮滨文化的主要出土器物密切相关。

记得1985年秋天,我来广东实习的时候,我向朱非素老师请教南海西樵山双肩石器和细石器之年代问题,朱老师曾经给我展示过苏秉琦先生给她的一封回信,那是她关于此类问题向苏先生请教而得到的回信。苏先生在信中表达的意思是:由于西樵山遗址没有发现与陶器共存的生活类遗址,因此要解决这两类石器的年代问题,答案需要从它周围的遗址中去找。我理解:有些问题仅仅靠局部的发现和认知,无法弄明白,需要从全局角度审视之,方能有所进展。目前这两个问题,应验了苏先生的预见,由于高明古椰贝丘遗址的发掘,得到了基本的解决。

回到原始瓷和釉陶话题上来,有一点是可以理解的,毕竟此前关于釉陶和原始瓷的发现以及公布的材料数量相对较少,特别是夏、商时期者;因此,我们对于从新石器晚期直到夏、商时期陶瓷技术的基本技术脉络并没有一个全局性的基本了解,对于一些发现,解读起来甚至类似于盲人摸象。而这个全局所指的就是从新石器晚期至夏商时期的陶器制作的技术脉络,有幸浙江省文物考古研究所主办了展览("锁匙:先秦印纹硬陶原始瓷器特展"),使得我们有一个方便的机会,将这些器物于一室得见,并有机会面对实物略加比较,从而对所谓全局也有了一定的了解。

从硅酸盐学的角度来说,瓷器具有严格的物理化学等标准,这个标准是基于近现代工业生产的基础而得出的。但是,更早的历史阶段,古人在从陶至瓷器的发明与制作实践过程中,并没有这些仪器和近现代的标准,那么我们今天如果用近现代的标准或者观察角度来看待这个过程的遗物是否合适?这是否也是原始瓷与釉陶之命名分歧的主要原因之一?

如果以古人的眼光来看待从陶到瓷的发展过程,或者我们说现代人不以硅酸盐的标准,也不携带任何测量仪器回顾这个技术发展过程,这个回顾姑且就算穿越吧;从陶到瓷的发展过程之具体内容就是桥段。

于是,我们穿越回去,看看这个桥段上给我们都摆了些什么内容。桥上大体分四段:

第①阶段是泥质陶器;

第②阶段出现了比较高温的泥质陶器;

第③阶段是有陶衣且较为高温的泥质陶器,也被称为泥釉黑陶;

第④阶段的主要进步体现在器表具有明显玻璃质反光的釉。

稍微再细致些观察,第④阶段大体有两个技术系统,一是浙江东苕溪为产地者;二是广东的大埔和饶平所见者(含闽境者)。如果从肉眼观察:他们的主要区别在于胎,东苕溪的胎更为细腻,而浮滨文化的则略显粗糙;前者的烧成温度总体高于后者。

但是,当我们把第④阶段和第③阶段加以比较,会发现东苕溪产地者与浮滨文化的最大的共性,都是釉出现了前所未有的、明确的玻璃质反光。据此,我个人意见,这是陶瓷史上的一次重要的质变。也就是说第④阶段,可以称之为原始瓷器者,当中有两个技术传统类型:一个是以东苕溪为代表的胎质较为细腻且温度略高的原始瓷;另一个是以浮滨文化为代表的以酱黑色釉为主要特征的原始瓷。

这两个技术传统当然还存在着细分的空间与可能。

如下,我们再就本书所及浮滨文化之原始瓷器进行简要的类型学考察。

虽然大埔、饶平两地的墓葬材料中有一定数量的陶瓷器,但在器物的型、式分析中,无地层关系可用。不过从某些器物观察,还是可以找寻到一些线索。因此,根据广东地区以及相关区域的器物序列,将本书所及浮滨文化的两类器物进行了分型分式:一类是尊,或称为大口尊;另一类是折盘豆。

大口尊大体可分为四个式别,差别在于口领和肩部:Ⅰ式为敞口,领部上端径明显大于下端径,圆肩;Ⅱ式领部上端径明显大于下端径,截面呈明显的梯形,折肩;Ⅲ式折肩位置上提;Ⅳ式领部上、下端径更为接近。之所以如此排序,是因为村头遗址中可见Ⅱ、Ⅲ式之领肩部造型[1],而不见Ⅳ式者(图四七)。

Ⅰ式　标本饶平M3∶4。领相对短粗,圆肩。

Ⅱ式　标本饶平FB068。领部有所增高,折肩位于器身上部约三分之一处。

Ⅲ式　标本饶平M1∶18,领部基本同前式,折肩部位提高。

Ⅳ式　标本大埔M1∶2、大埔M22∶1。领部增高,且上下径差别变小,领部显得细长。

折盘豆的排序则间接参考了横岭山的器物排序。横岭山M248∶1之陶豆[2]与本书所见同类器物相似,与其同期的墓葬中不仅可见浮滨文化的陶器,而且M222还见有铜锛,但本书所及浮滨文化的墓葬中,均未见铜器出土,因此,横岭山M248∶1之豆可确定为折盘豆中最晚的式别。如此,折盘豆的变化趋势较为清晰,盘与圈足都有变化,盘部的壁从稍内弧弯曲到盘较深且内弧弯曲显著,圈足的变化则由粗变细,分三式(图四八)。

---

[1] 拙作:《村头遗址分期及相关认识》,《南方文物》2019年4期。

[2] 广东省文物考古研究所:《博罗横岭山:商周时期墓地2000年发掘报告》,科学出版社,2005年,84页。

Ⅰ式　标本饶平M3∶3、饶平M1∶25。盘壁稍微内弧，圈足近盘底一端直径较大。

Ⅱ式　标本大埔44142201-89、饶平M15∶？B等。变化主要体现在圈足部位，近盘底一端直径开始变小。

Ⅲ式　标本大埔M1∶20、大埔M7∶5、大埔44142201-85、大埔44142201-88。圈足近盘底一端直径进一步变小，且盘的形态发生改变，前两式盘口与折盘之径近似，或稍有差别，本式折盘处之径则明显大于口径，盘壁内弧显著。

从这两类器物型式分析可见：Ⅰ式折盘豆与Ⅰ式尊共存，见饶平M3；同时与Ⅲ式大口尊共存，见饶平M1；Ⅱ式折盘豆与Ⅲ式大口尊共存，见饶平M15等；Ⅲ式折盘豆与Ⅳ式大口尊共存，见大埔M1。如此，可将其分为三组：第一组以饶平M3为代表，Ⅰ式折盘豆与Ⅰ式大口尊共存；第二组以饶平M15为代表，Ⅱ式折盘豆与Ⅲ式大口尊共存，同时Ⅰ式折盘豆延续至该组；第三组则Ⅲ式折盘豆与Ⅳ式大口尊共存，以大埔M1为代表；在其他墓例中未见矛盾者。Ⅱ式大口尊由于是采集品，亦可归入第二组。于是，这批墓葬发掘及采集资料可分为三期，第一组为第一期，第二组为第二期，第三组为第三期。从大口尊、折盘豆这两类器物的演变观察，其变化较为连续，未见显著的缺环（图四九）。

关于各期的年代，从村头遗址的分期来看，类似Ⅱ、Ⅲ式大口尊的领、肩部比较常见，根据折盘豆和尊观察，大埔的墓葬及采集品中基本不见第一期的器物，且参考大埔采集品中的圈足尊（标本44142201-70），与盘龙城第五期的弧腹尊（PLWM1∶8）形制非常接近[1]，推测第二期的年代应当相当于中商时期；根据折盘豆的变化轨迹，即Ⅰ式折盘豆延续至第二期，因此将第二期亦归入中商偏早时期；而第三期的大口尊，目前除大埔之外，仅在增城墨依山墓地见过[2]，Ⅲ式折盘豆则在横岭山第一期出现。总的说来，第三期与前两期相比，变化更为显著，因此，笔者赞同对横岭山分期年代的推断，将粤境浮滨文化的第三期的年代推断在相当于晚商时期。

关于浮滨文化的来源，魏峻先生的观点是应从闽北地区邵武等遗存中寻找[3]，笔者更具体地举些例子，以探究浮滨文化之因素的来源问题：带把壶、条纹、葫芦领造型的器物，这些因素在广东地区的新石器晚期至夏纪年遗存中，都未曾出现。

在广东地区，最早见到带把壶是在石峡遗址墓葬中，后来博罗田心[4]、深圳屋背岭[5]等遗址均有出土，其中石峡、博罗者年代早，大体与广富林文化同时，其来源亦应是广富林文化。屋背岭部分墓葬与浮滨文化或同时，或稍早些，为早中商时期；两者所见同类器物，在肩头弄见到了着黑

---

[1] 湖北省文物考古研究所：《盘龙城：一九六三年——一九九四年考古发掘报告》，文物出版社，2001年，490页。
[2] 2018年，笔者在广州市文物考古研究院学习观摩所见。
[3] 魏峻：《粤东闽南地区先秦考古学文化的分期与谱系》，《考古学研究》（九），文物出版社，2012年，140～164页。
[4] 广东省文物考古研究所发掘资料。
[5] 广东省文物考古研究所等：《深圳屋背岭遗址发掘报告》，《考古学报》2004年3期。

图四七 粤境浮滨文化器物型式简图之一

1. Ⅰ式大口尊（饶平M3:4） 2. Ⅱ式大口尊（饶平FB068） 3. Ⅲ式大口尊（饶平M1:18） 4、5. Ⅳ式大口尊（大埔M1:2、M22:1）
6. 村头遗址第三期大口尊（89DCT0607④C:14）

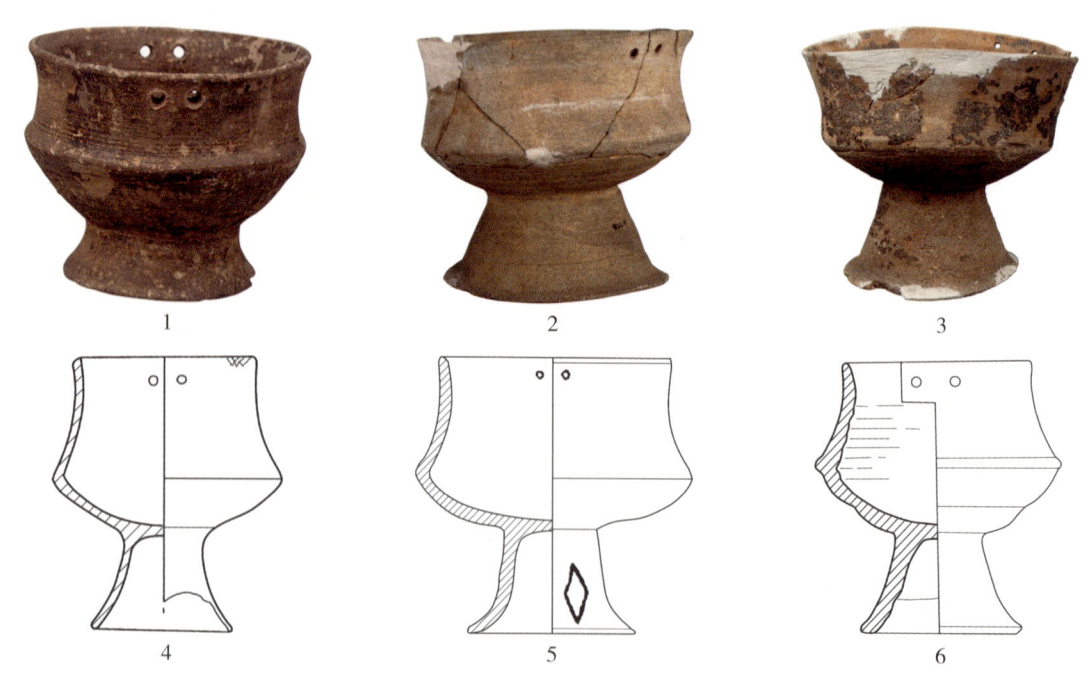

图四八 粤境浮滨文化器物型式简图之二

1、2. Ⅰ式折盘豆（饶平M1:25、M3:3） 3. Ⅱ式折盘豆（饶平M15:?B） 4、5. Ⅲ式折盘豆（大埔M1:20、M7:5） 6. 横岭山M248:1

第一期	第二期	第三期
大口尊(饶平 M3:4)	大口尊(饶平 M1:18)	大口尊(大埔 M1:2)
折盘豆(饶平 M3:3)	折盘豆(饶平 M15:?B)	折盘豆(大埔 M1:20)

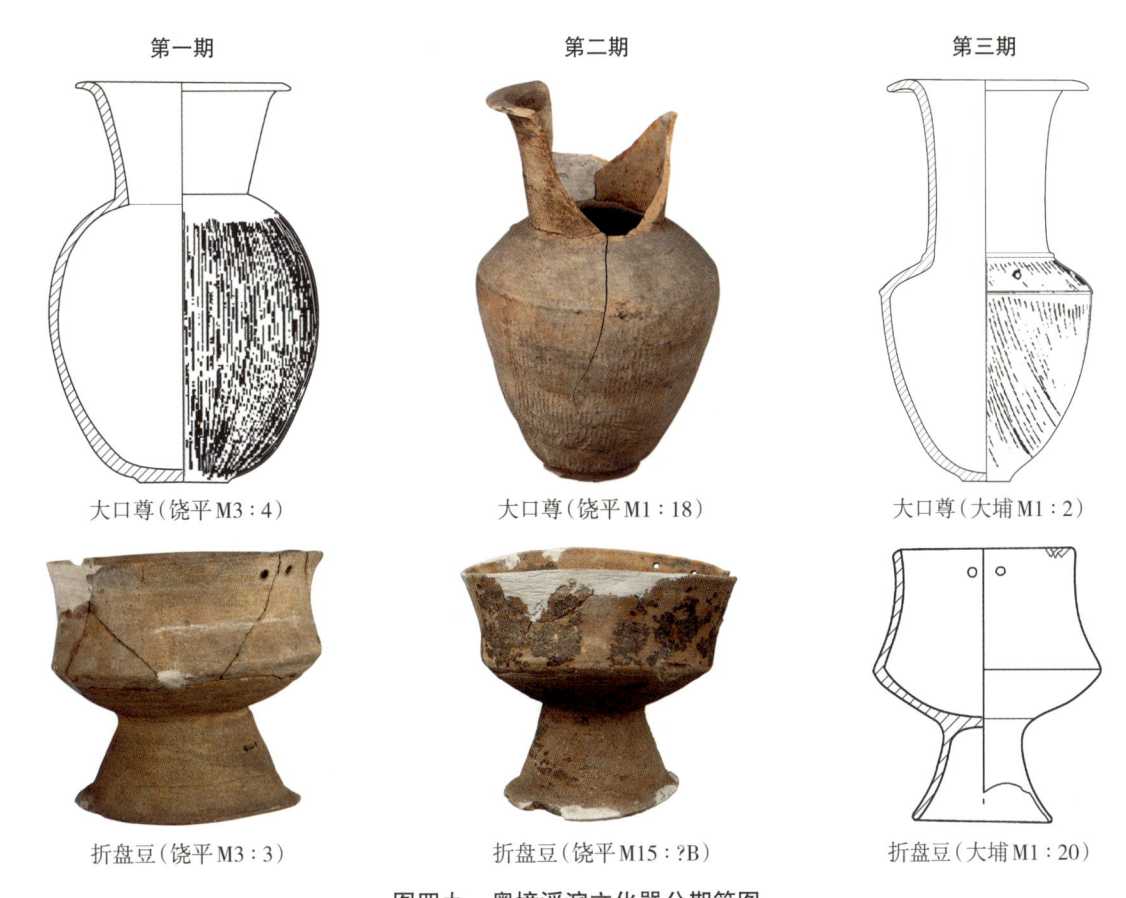

图四九 粤境浮滨文化器分期简图

陶者[1],笔者认为,肩头弄者是屋背岭及浮滨文化带把壶的源头,不仅有类似的器形,而且陶器表面由人工涂抹黑皮的做法,可以视为酱色釉的前身。浮滨文化的条纹装饰,在上海、浙江所见,自广富林文化开始出现;肩头弄的二、三单元也有类似者,此类纹饰也应当来自肩头弄,非广东本地原有。

葫芦领造型的器物,在闽北猫耳弄窑址[2],以及广东东源龙尾排[3]均有发现,相信这类器物同样对浮滨文化产生了显著的影响。

浮滨文化的另一类重要器物戈,在广东出现的时间稍晚于牙璋,牙璋可能是夏商之际至早商阶段传入并本地化的,而戈则可能是商代早中期才进入广东的。

关于浮滨文化去向问题则比较纠结。从粤东地区来看,华美类型[4]可能是其残留,还有待未来的探索,之后似乎一下子被夔纹陶文化取而代之。但浮滨文化原始瓷中,杂有黄绿色的釉是否

---

[1] 牟永抗、毛兆廷:《江山县南区古遗址、墓葬调查试掘》,《浙江省文物考古所学刊》,文物出版社,1981年,图版四、3,83页图二〇。
[2] 福建博物院:《21世纪初福建基建考古重要发现》,福建人民出版社,2009年,69页。
[3] 广东省文物考古研究所发掘资料。
[4] 揭阳考古队、揭阳市文化广电新闻出版局:《揭东县华美沙丘遗址调查报告》,《揭阳考古(2003～2005)》科学出版社,2005年,181～189页。

与夔纹陶的青瓷之釉有关？目前还不清楚。

就大埔和饶平两地的材料，根据分期，目前饶平暂未见第三期的大口尊与折盘豆，似乎说明，相当于晚商阶段，广东地区浮滨文化有所变迁，由于资料尚少，暂不能完全肯定，似乎第三期浮滨文化扩张得较为显著，不仅到达了珠三角地区，而且九龙江地区可以辨认为浮滨文化的墓葬基本为第三期者[1]。果真如此的话，乌仑尾类型的时间下限应当在中商时期；晚商阶段，浮滨文化大举向东西扩张，这也说明，浮滨文化起源于粤东及附近地区。

与后山类型的关系是目前值得探讨的问题之一。

浮滨文化与珠三角地区同期文化的关系，不仅体现在浮滨文化的一些器物进入了珠三角地区，而且从珠三角地区晚商时期遗存来看，几何印纹陶，即围岭类型[2]也进入了衰落时期，而浮滨文化正处于扩张阶段。

小　　结

上述即在对广东地区浮滨文化遗存简要分期的基础上，对该文化各个方面的一些较新的认识：粤境大埔、饶平所见浮滨文化中，以酱黑色釉为特征的技术传统之原始瓷，是目前国内发现的此类遗存中最早的，根据崔剑锋老师的团队之研究，其应为本地所制造。

两个技术传统类型，从胎和釉各自所具备的特点观察，显然他们各有源头，分别起源。

由于郑建明博士和他的团队多年之努力，东苕溪（技术传统）类型的原始瓷从早到晚发展的脉络，目前认识得较为清晰；而探寻以浮滨文化酱黑色釉为特点的技术传统类型原始瓷的真正源头（或许与着黑陶有关）以及它的流变等问题，则是我们未来的主要目标和学术增长空间：

1. 从墓葬的分布并结合以往的工作经验分析，已经发掘的大埔、饶平两县浮滨文化墓地，目前尚未进行复查和再次勘探工作，无法得知原来发掘过的区域是否还存在着墓葬；再者，需要取得一些用来测年的标本，以完善其年代学框架等，这些基础性的工作仍待日后之努力。

2. 从一些酱色釉原始瓷观察，有不少器物表面附着有烧制时的烧结物，那就带来了另一个问题和可能，这些酱色釉原始瓷可能是在附近烧制的，即出窑后不久就被埋入墓葬中，那么这些窑址的寻找与调查也是未来工作的重点。

3. 大埔的一些酱色釉原始瓷标本中，已经出现了黄绿色相杂的情况，这些偏黄绿色之釉，与目前发现的横岭山墓葬、梅花墩窑址之原始青瓷的釉之间有什么样的关系？因为在横岭山第一期已经普遍见到浮滨文化的遗物，那么是浮滨文化从烧陶直接过渡到烧制原始青瓷？还是原始青瓷完全是外来的产物？

4. 应从意识上重视浮滨文化的相关研究，其不仅在闽粤地区的原始瓷技术发展链条中具有独特的地位，同时也是中国瓷器起源阶段不可或缺的重要一环，这也是本书的宗旨，本书意在引玉。

---

[1] 干小莉：《九龙江流域商周时期古文化分期初探——兼谈浮滨类型的年代》，《考古学报》2010年1期。
[2] 拙作待刊稿。

附录一

大埔浮滨文化黑釉原始瓷工艺的初步研究

周雪琪[a] 崔剑锋[a] 吕竑树[a] 陈天然[a] 肖红艳[a]

李 岩[b] 邓亿娜[c] 谢 俊[d]*

一、前言

浮滨文化是闽南粤北地区青铜时代的一种文化类型，具有独特的文化面貌。目前所发掘的遗迹多为墓葬，居址资料较少[1]。随葬品主要有陶瓷器和石器，陶瓷器包括尊、豆、壶、罐、釜、盆、杯等，石器有戈、矛、锛、玦、璋等，在闽南虎林山墓葬与粤东地区发现有小件青铜器，暗示了中原文化对当地的影响[2]。其中部分陶瓷器物，如某些特定器型的尊、豆、壶，常常施有厚重的黑釉，与浙江、江西常见原始瓷的青釉有显著区别。由于浮滨文化带釉器物的胎质颜色发黄、含铁量较高，致密程度有限，所以早年发掘者往往将带釉器物界定为陶器。但实际上，该类器物具有瓷土制胎、施加高温釉的形式，并且其中不乏釉质均匀浓厚、胎料杂质低、火候较高者，已经可以纳入瓷器或者原始瓷的范畴。

为了解浮滨文化黑釉原始瓷的制作技术、工艺水平，考察这类器物在中国陶瓷史上的地位，我们对广东梅州市大埔县枫朗镇出土的一批典型浮滨文化黑釉原始瓷进行了研究，同时也对平远县博物馆馆藏的两件浮滨文化器物进行了测试。

大埔县位于广东省东北部、韩江中上游，是广东省著名的陶瓷产地之一，坐拥丰富且优质的高岭土资源[3]，已知当地在历史时期有着发达的瓷器制造业。20世纪80年代，考古学家对枫朗镇王兰的浮滨文化墓葬进行了清理和发掘[4]，大量黑釉原始瓷的出土，说明该地区早在青铜时代就

---

* 作者单位：a. 北京大学考古文博学院 b. 广东省文物考古研究所 c. 大埔县博物馆 d. 平远县博物馆 通讯作者：崔剑锋，长聘副教授，邮箱：cuijianfeng@pku.edu.cn。
[1] 李岩、陈红冰：《广东早期青铜时代遗存述略》，《考古》2001年3期。
[2] 福建博物院、漳州市文管办、漳州市博物馆编：《虎林山遗址：福建漳州商周遗址发掘报告之一》，海潮摄影艺术出版社，2003年。
[3] 广东省地质建设工程集团公司编：《广东大埔高岭土资源应用研究》，广东经济出版社，2014年。
[4] 邱立诚：《广东大埔县古墓葬清理简报》，《文物》1991年11期。

图一 大埔枫朗镇黑釉陶瓷器考察
上：大埔枫朗镇位置示意图；下：现场与馆藏考察照片

已具有灿烂的陶瓷文化。

通过观察大埔县博物馆馆藏黑釉原始瓷的工艺特征，同时采用便携式X射线荧光光谱对胎釉进行原位无损的元素分析，我们希望能够形成有关浮滨黑釉陶瓷的原料配方、成型方式、施釉手段等等的基本认识，为研究这一地区早期陶瓷手工业发展情况提供依据，也为认识东南地区原始陶瓷制造技术面貌提供借鉴。

二、实验

1. 样品

标本包括37件大埔县博物馆馆藏文物，于20世纪80年代出土或采集于枫朗镇。另外还有平远县博物馆的两件器物。

图二 大埔县博物馆馆藏的部分浮滨文化黑釉陶器

2. 仪器参数

由于标本均为馆藏文物且较为完整，故本研究主要使用的仪器为美国布鲁克公司生产的Tracer 5i型便携式能量色散X射线荧光光谱仪进行原位无损分析，仪器配有8 μm Be窗、40 mm² SDD探测器，谱图分辨率小于140 eV。使用自建标准曲线，在真空模式下进行测量，电压40 kV，电流25 μA，光斑直径为8 mm，测试时间为45 s。

三、成分分析结果

1. 胎的便携式XRF测试结果

表一

	Na_2O	MgO	Al_2O_3	SiO_2	P_2O_5	K_2O	CaO	TiO_2	MnO	Fe_2O_3	单位	器型
80	1.5	0.6	19.1	71.2	0.2	1.5	1.9	1.0	0.1	3.0		尊
82	1.6	0.8	28.6	59.6	0.3	1.5	1.9	1.8	0.1	3.9		豆

续表

	Na$_2$O	MgO	Al$_2$O$_3$	SiO$_2$	P$_2$O$_5$	K$_2$O	CaO	TiO$_2$	MnO	Fe$_2$O$_3$	单位	器型
83	1.6	0.6	22.7	67.0	0.2	0.8	0.4	2.3	0.1	4.4		豆
87	1.6	0.7	20.5	68.7	0.2	2.5	1.5	0.9	0.1	3.4		豆
89	1.5	0.7	24.4	63.2	0.3	2.0	2.0	1.9	0.1	3.8		豆
90	1.4	0.5	14.4	77.9	0.2	1.6	1.0	1.2	0.1	1.9		圈足壶
94	1.6	0.7	23.2	66.8	0.2	0.6	0.9	1.7	0.1	4.3		圈足壶
96	1.7	0.7	20.3	66.9	0.2	1.2	0.5	1.5	0.1	7.0		圈足壶
98	1.5	0.7	25.4	62.7	0.3	1.1	1.9	2.5	0.1	3.8		圈足壶
99	1.8	0.7	29.2	55.6	0.3	0.8	0.7	2.3	0.1	8.7	M19∶3	豆
167	1.6	0.6	17.8	71.3	0.2	2.2	1.0	1.7	0.1	3.6		尊
168	1.6	0.7	23.6	62.7	0.2	2.2	1.5	1.1	0.1	6.4	M5∶1	尊
176	1.5	0.6	25.1	65.6	0.2	1.1	0.4	1.8	0.1	3.8		圈足壶
178	1.7	0.8	23.8	62.6	0.3	1.8	1.3	1.7	0.1	6.1	M7∶2	圈足壶
180	1.5	0.7	29.4	59.3	0.3	1.6	1.9	2.1	0.1	3.2		有把壶
181	1.7	0.9	23.2	60.5	0.3	1.7	3.0	2.0	0.1	6.5	M12∶1	圈足壶
224	1.6	0.7	23.3	66.6	0.2	0.8	0.3	2.1	0.1	4.4		圈足壶
244	1.6	0.7	15.3	70.0	0.3	2.0	2.4	2.3	0.1	5.4	M7∶4	尊
246	1.8	0.8	25.6	58.9	0.3	1.7	1.6	2.0	0.1	7.2		尊
247	1.8	0.7	13.0	73.0	0.3	1.9	2.2	2.1	0.1	4.9		尊
250	1.7	0.7	27.2	60.0	0.2	0.5	0.6	2.9	0.1	6.1		圈足壶
281	1.5	0.7	24.8	63.2	0.2	2.2	1.0	1.3	0.1	5.1	M10∶2	圈足壶
PY-2	1.6	0.8	28.6	58.4	0.4	1.4	1.5	2.1	0.1	5.1		尊

2. 釉的便携式XRF测试结果

表二

	Na$_2$O	MgO	Al$_2$O$_3$	SiO$_2$	P$_2$O$_5$	K$_2$O	CaO	TiO$_2$	MnO	Fe$_2$O$_3$	单位	器型
80（黑彩）	1.9	0.8	21.8	59.7	0.3	3.0	1.6	1.1	0.1	9.9		尊
81	1.8	1.0	13.2	70.1	0.4	2.5	5.0	0.9	0.1	5.1	M1∶3	圈足壶

续表

	Na_2O	MgO	Al_2O_3	SiO_2	P_2O_5	K_2O	CaO	TiO_2	MnO	Fe_2O_3	单位	器型
82	1.7	0.8	12.8	72.1	0.3	3.0	3.1	0.9	0.1	5.4		豆
83	1.6	1.3	11.8	68.8	0.4	2.6	7.2	0.9	0.1	5.4		豆
84	1.8	1.0	13.4	67.2	0.4	2.5	5.4	1.0	0.1	7.4		豆
85	1.8	0.9	17.4	66.5	0.3	4.1	2.1	1.2	0.1	5.8		豆
86	1.9	1.2	13.3	67.0	0.4	3.7	5.4	0.9	0.1	6.0		豆
87	2.2	1.1	11.8	55.0	0.6	2.1	19.4	0.8	0.2	6.9		豆
88	1.6	1.0	14.5	68.7	0.3	2.3	3.8	0.8	0.1	6.9		豆
90	1.8	1.1	14.0	64.2	0.4	2.5	8.5	0.8	0.1	6.6		圈足壶
92	1.6	1.0	15.8	67.2	0.4	1.4	4.5	0.9	0.1	7.0		圈足壶
93	1.8	0.9	19.1	62.1	0.3	2.2	4.8	1.0	0.1	7.7		圈足壶
94（陶衣）	1.8	0.8	14.7	69.4	0.3	1.4	3.5	1.2	0.1	6.9		圈足壶
95	1.8	0.9	10.9	71.9	0.4	2.4	4.6	1.0	0.1	6.2		圈足壶
96	1.7	0.8	15.1	68.5	0.3	2.5	2.7	1.1	0.1	7.3		圈足壶
97	1.6	0.9	13.6	69.8	0.3	2.2	3.8	0.9	0.1	6.7		圈足壶
98	1.8	1.4	13.8	64.3	0.5	2.0	9.3	1.1	0.2	5.9		圈足壶
100	1.6	0.8	12.2	70.2	0.3	2.2	4.3	0.9	0.1	7.4		豆
167	2.0	2.2	14.6	53.7	0.8	3.2	15.2	0.9	0.1	7.5		尊
168	1.8	1.2	13.7	60.2	0.5	2.2	11.0	0.7	0.2	8.6	M5:1	尊
176	1.6	1.0	15.4	68.7	0.4	2.9	3.3	0.9	0.1	5.7		尊
177	1.6	1.1	14.3	68.4	0.4	2.5	4.4	0.9	0.1	6.3	M1:5	尊
178	1.7	1.1	14.1	69.1	0.4	2.1	4.1	0.9	0.1	6.5	M7:2	尊
180	1.7	1.0	14.9	66.8	0.4	2.0	4.4	1.5	0.1	7.3		有把壶
181	1.6	1.2	18.2	65.0	0.4	1.8	5.2	1.4	0.1	5.2	M12:1	圈足壶
224	1.8	1.1	13.4	69.6	0.4	2.7	4.3	0.8	0.1	5.8		圈足壶
227	1.8	1.4	17.5	59.2	0.5	2.8	6.4	2.1	0.1	8.2		罐
244	1.7	0.9	8.8	72.0	0.4	2.1	7.5	0.8	0.1	5.8	M7:4	尊
246	1.8	1.0	11.7	69.2	0.4	2.5	4.9	1.0	0.1	7.5		尊
247	2.0	1.2	12.7	61.0	0.5	2.6	8.3	1.3	0.1	10.5		尊

续表

	Na$_2$O	MgO	Al$_2$O$_3$	SiO$_2$	P$_2$O$_5$	K$_2$O	CaO	TiO$_2$	MnO	Fe$_2$O$_3$	单位	器型
248	1.8	1.3	14.6	66.9	0.4	2.6	4.9	0.8	0.1	6.7		尊
249	1.8	1.3	12.5	64.2	0.5	2.2	9.4	0.8	0.1	7.3		尊
281	1.7	0.8	19.2	63.7	0.3	2.0	4.2	1.1	0.1	6.8	M10:2	圈足壶
PY-1（陶衣）	2.0	1.0	26.2	53.3	0.3	4.8	2.5	1.2	0.1	8.7		罐
PY-1（陶衣）	2.1	1.1	26.4	51.7	0.4	4.4	3.8	1.1	0.1	9.0		罐
PY-2	1.8	1.5	18.4	60.0	0.6	2.9	6.6	1.2	0.1	6.9		尊

注：由于仪器限制，胎、釉中的SiO$_2$含量由100减去其他元素获得，仅供参考。

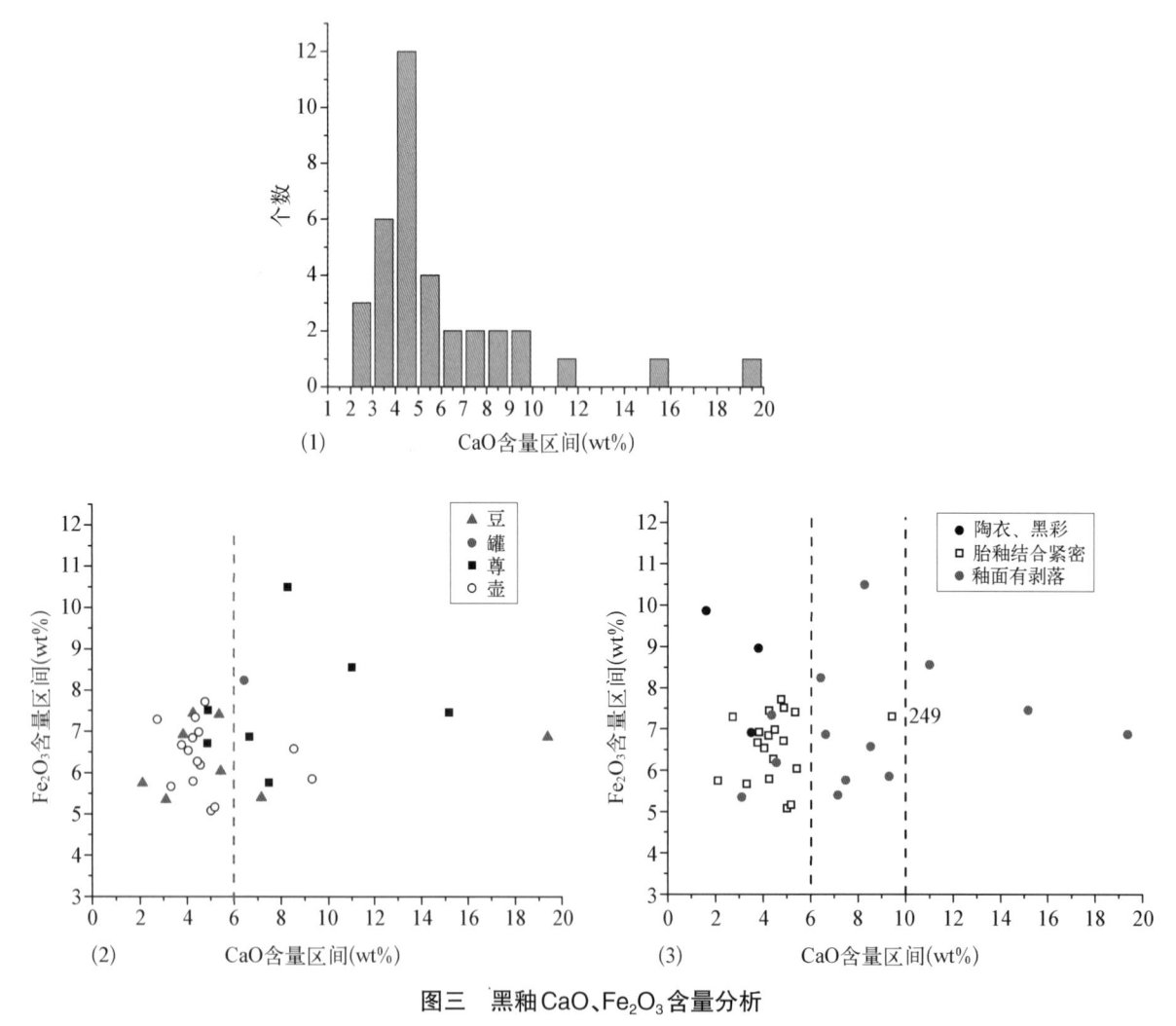

图三 黑釉CaO、Fe$_2$O$_3$含量分析

（1）黑釉CaO含量频数图；（2）黑釉CaO、Fe$_2$O$_3$含量与器型状况；（3）黑釉（以及陶衣、黑彩）CaO、Fe$_2$O$_3$含量与釉面状况

图四 低倍数下部分器物黑釉的显微观察

(1)249,1.0×,有开片但胎釉结合良好;(2)85,2.5×,无开片,基本无剥落;
(3)96,2.5×,无开片,基本无剥落;(4)98,2.5×,开片不明显、釉面有剥落;
(5)83,1.0×,开片、剥落严重;(6)87,2.5×,开片、剥落严重

图五 不同釉(陶衣)质情况的器物举例

(1)94,陶衣(泥釉?);(2)80,黑彩;(3)249,有开片但不剥落;
(4)85,胎釉结合紧密;(5)96,胎釉结合紧密;(6)248,胎釉结合紧密;
(7)98,开片不明显、部分剥落;(8)82,开片、剥落严重;(9)87,开片、剥落严重

四、讨论

1. 成分与配方

部分器物通体施釉,加上仪器方面的一些限制,仅对能够展开测试的标本进行了器表露胎部分胎体的成分分析。大部分器物胎体呈黄色,含有一定量的 Fe_2O_3 杂质,除了未施釉的99号陶器含 Fe_2O_3 近9%,多数器物胎体 Fe_2O_3 含量集中在3%~7%,最低者仅2%左右。由于整器标本无新鲜断面,露胎处又易受污染影响,实际胎体的铁含量可能更低。也有标本为灰胎器物(248、249),但它们通体施釉,仅断茬处露胎,无法使用便携式仪器进行测试,还有待后续的研究。Al_2O_3 含量的浮动较大,一般在20%~30%之间。铝含量浮动大且部分偏高,是广东地区新石器至商周硬陶、原始瓷胎料的常见特征,说明这些产品可能由工匠就地取材制作。

除了几件器物(80、94、PY-1)涂层很薄、质地偏陶衣或者说泥釉外,浮滨文化的黑釉大多较厚且均匀,说明已经有了比较成熟的制釉技术。从釉的成分数据上看,除了形成玻璃骨架的硅、铝元素外,黑釉中普遍含有的助熔剂和着色剂为 Fe_2O_3(5%~10%),各件样品中均含有一定量 CaO,高者达19%,有的低至1%。据图三(1),大部分样品釉层含有3%~6%的 CaO,多数低于10%。这与横岭山墓地出土的浮滨类型黑釉原始瓷的釉层成分相似[1]。除了上述成分以外,还有含量基本处于1%~4%之间的 K_2O,以及少量 Na_2O、MgO 等。

商代其他地区的青釉原始瓷及泥釉黑陶,如浙江、江西、福建的青釉,多以 CaO 作主要助熔剂,江西偶见高钾低钙的青釉,往往辅以少量 Fe_2O_3 着色;各地的黑色泥釉层都非常薄,尽管含有较高 Fe_2O_3,但 CaO 含量多低于3%。相比之下,浮滨文化的黑釉自有其独特的体系。据图三(1),除了少数标本外,黑釉成分中的 CaO 基本稳定在4%左右,且低钾高铁。由于广东地区潮湿多雨,土壤偏酸性,钙的溶解度高,往往不易形成含钙量高的土壤,所以采用高钙高铁黏土为制釉原料的可能性较小[2]。黑釉中存在钾、镁、钠、磷、锰这些草木灰特征元素但是含量偏低,不过 CaO 本身也不高,所以这或许是由于草木灰加入量较小,相关元素得到了稀释。结合我国东南地区以草木灰为原始瓷釉助熔剂的学界主流看法[3],我们认为草木灰更可能是浮滨文化黑釉的钙质来源。并且,经过观察发现,黑釉的 CaO 与 Fe_2O_3 并无显著的线性关系,说明两者应该不是由同种原料引入的。我们还发现,器物釉层中的 Fe_2O_3 常高于胎体本身,说明釉料中的铁并非来自与胎体的反应。广东地区曾有利用高铁原料制作陶器铁彩的传统(见另文发表),所以在制釉过程中可能也采用了高铁的黏土或其他高铁矿物,具体的配方还有待更深入的实验与研究。

图三(1)中,黑釉 CaO 多分布于4%附近,CaO 含量大于6%的标本,在每个区间的个数不多于2件。在对器物外观与成分的观察中可以发现,釉面的玻璃化、开片与剥落情况,与测试得到

---

[1] 吴隽、吴军明、李其江、李家治、罗宏杰、邓泽群:《横岭山先秦墓葬群出土陶瓷的系统研究》,《中国科学(E辑:技术科学)》2009年6期。
[2] 吕贻忠、李保国主编:《土壤学》,中国农业出版社,2006年。
[3] 卢嘉锡总主编,李家治卷主编:《中国科学技术史·陶瓷卷》,科学出版社,1998年。

的釉层成分存在一定的关联性,似乎也可以以CaO含量6%作为分界线,同时CaO含量与器物的器型也有一定关联。由于部分器物的开片程度易受主观判断的影响,故主要依据剥落情况作分类。值得注意的是,产生剥落的器物中部分可见明显开片现象,部分开片不显著,但除了249号标本外,出现开片的釉层基本都有不同程度的剥落。大多数器物釉层保存情况良好,器物通体施釉且釉层基本存在,并无开片现象,不过其中部分标本黑釉光泽度较差,或许玻璃化程度较低,如图四(3)96号器物。陶衣(泥釉)、黑彩的CaO含量都非常低;同时无开片和剥落的釉层CaO含量基本小于6%;釉面有剥落的器物,釉中CaO大多高于6%;当CaO含量高于10%时会产生开片和大面积的剥落,同时釉的玻璃化程度更好,如图四(6)的87号高钙标本。在大多数情况下,釉会产生开片是因为釉与胎的热膨胀系数不同,焙烧后釉层的收缩率更大,故冷却时釉层开裂。CaO的热膨胀系数为1.63,高于SiO_2(0.05)与Al_2O_3(0.17),在浮滨黑釉原始瓷中,CaO含量的高低或许是影响器物开片乃至剥落与否的重要因素之一[1]。当然,釉层厚度、坯体情况、烧成温度、冷却速率等都会影响最终的开片情况,需要进一步研究。

在其他浮滨文化发掘报告中发现,虎林山、鸟仑尾、狗头山等墓葬群出土的黑釉陶器中,20多件带釉尊大多釉层"严重脱落",仅提到两件尊的胎釉"结合紧密",而其他器类如豆、壶、罐等器物,则既有剥釉严重者,也有较多件胎釉结合良好。根据李岩老师的分期,上述器物(尤其是尊),大多属于第三期。有研究者认为,虎林山遗址出土的陶尊胎中多夹细砂,故导致胎釉结合不紧密[2]。不过在本文所涉及的样品中,并未观察到尊类器物和其他器物在胎料上具有显著的外观或成分区别,需要做更多的分析进行验证。

而根据图三(2)、(3),或许可以认为,出现剥釉的器物大多有比较高的CaO含量。总结本研究中器型与CaO含量、开片情况对应关系:7件尊中有4件均有严重开片与剥落,5件CaO含量高于6%,2件尊与大部分的豆、壶胎釉结合紧密,CaO含量往往较低,CaO含量高于6%的豆、壶比例较低。如果虎林山、鸟仑尾、狗头山遗址出土尊的釉层剥落确实也是由较高的CaO含量所导致,那么就可以推断:在配制尊类器物釉料时,常常会引入较多的钙质原料,而豆、壶等则反之。这种做法所代表的涵义还有待进一步研究,或许代表了分工和专业化生产。

不过,根据李岩老师的分期,可辨时期的3件CaO含量高于10%的器物(168、167、87),似乎都属于第二期,这种CaO含量极高的情况又或许与时代有关。

除此以外,浮滨文化黑釉原始瓷和普通陶器在器型(或者说用途)上有一定的区别[3],尽管存在一些特例,但总体而言,黑釉器在浮滨先民眼中的地位是与陶器不同的,说明黑釉陶器具有某些重要的意义。

---

[1] 张福康:《中国古陶瓷的科学》,上海人民美术出版社,2000年。
[2] 福建博物院、漳州市文管办、漳州市博物馆编:《虎林山遗址:福建漳州商周遗址发掘报告之一》,海潮摄影艺术出版社,2003年。
[3] 广东省文物考古研究所、揭阳市博物馆:《广东榕江中下游地区商周时期遗存调查》,《四川文物》2005年2期。

图六　工艺痕迹举例

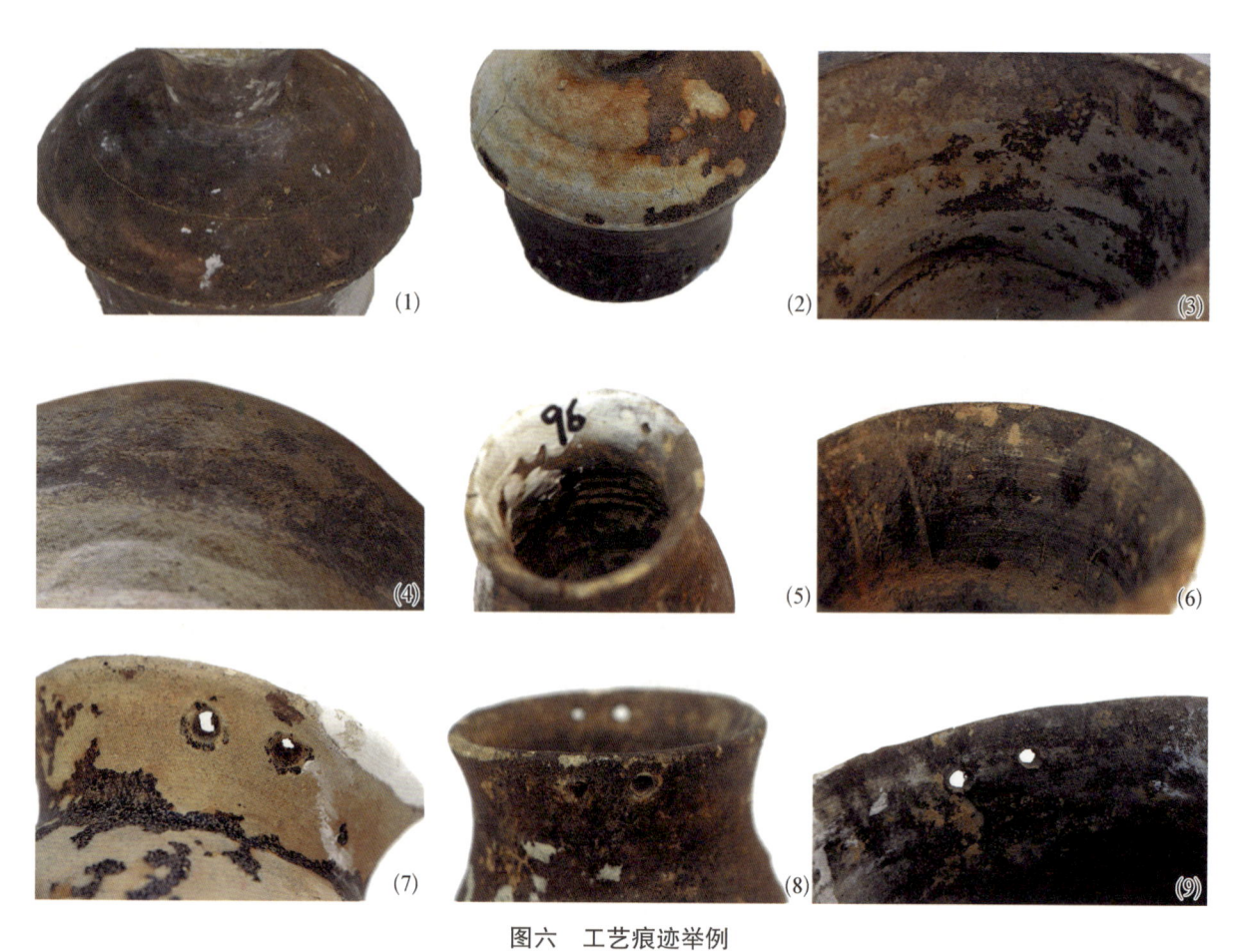

(1)88,拼接痕迹；(2)83,拼接痕迹；(3)167,泥条盘筑痕迹；
(4)80,泥条盘筑痕迹；(5)96,泥条盘筑痕迹；(6)168,慢轮修整痕迹；
(7)90,穿孔内部有釉；(8)224,穿孔；(9)85,穿孔泥痕

图七　刻划符号举例

(1)81,施釉后刻划；(2)81,施釉后刻划；(3)96,施釉前刻划；
(4)176,施釉前刻划；(5)176,施釉后刻划；(6)178,施釉前后刻划皆有

2. 工艺研究

（1）成型工艺

浮滨文化黑釉原始瓷主要采用泥条盘筑的工艺，许多器物上能看到泥条盘筑的痕迹，尤其是器物内壁的环形凸棱。此外，部分器物上有很细密、模糊的弦纹，或许暗示了这些器物经过了慢轮的修整。

一些器物上能够观察到接坯的痕迹，如豆足与豆盘，大型尊的肩、上腹与下腹。

（2）穿孔

器物口沿边上多有穿孔，常常四个穿孔两两相对。孔缘处有时有一圈凸起，说明穿孔可能是在胎体未干透时发生的。穿孔内部有釉，应不是刻意为之，加上大部分器物通体施釉，釉层均匀，很可能暗示了上釉过程中存在浸釉的工艺。

（3）刻划符号

刻划的做法可能至少出现在两个节点，一是在上釉之前，这样一来，符号刻痕凹槽中会有釉；二是上釉之后，符号刻痕凹槽中无积釉。有刻划符号的9件器物中，5件是两种刻划方式并存，且两次刻划的符号相同。

五、结论

我们对37件来自大埔县博物馆、2件来自平远县博物馆的馆藏浮滨黑釉陶瓷器进行了研究，采取了肉眼观察与仪器测试相结合的方式，对样品进行了原位无损的分析，取得了一些进展。

浮滨文化黑釉原始瓷应为本土制品，采用本地黏土制胎。黑釉以CaO与Fe_2O_3为主要助熔剂，可能使用了草木灰为钙质来源，而铁元素则来自高铁黏土或铁矿物。除了烧成温度、胎料种类的影响，大部分器物釉层的脱落可能主要是由釉中偏高的CaO含量导致。至于CaO含量改变的原因，或许与器类有密切的关系，可能暗示了专业化的生产分工，还需要今后进一步的研究。

部分标本，尤其是钙更高的黑釉有较强的玻璃质感；少数助熔剂含量略低的器物，黑釉玻璃光泽较弱。浮滨文化黑釉原始瓷总体似乎处在黑釉发展的原始阶段，其助熔剂与着色剂都与后世的成熟黑瓷类似，具有重要意义。

在成型工艺方面，主要采用泥条盘筑法，可能辅有慢轮修整；常于口沿下部穿孔，应该多采用浸釉的施釉工艺。部分器物带釉刻划符号，施釉前或后刻划的做法皆存在，还常见于同一器物。

附录二

浮滨文化的研究史

邱立诚

浮滨文化是广东最早发现并定名的粤东闽南区域青铜时代考古学文化,自20世纪70年代始,这类考古遗迹与遗物的发现和研究,为这一考古学文化课题的确立奠定了良好的基础。

一、浮滨文化的考古研究史

1974年,广东省博物馆文物工作队的彭如策、宋方义、邱立诚等,在粤东饶平县浮滨、联饶两地清理了一批属于商周时期的墓葬[1]。同年,又在普宁县发现了出自梅塘镇的同类遗物,经现场考察,确定是属于墓葬的随葬器物[2]。自此,考古学家经过多年的探索,确认了这一考古学文化的独特性。

1983年,广东省考古培训班在邱立诚等人的带领下,在揭阳市(今揭东区)地都镇桑浦山脉西侧的油柑山上,清理了浮滨文化时期的8座墓葬[3]。1986年,广东省博物馆文物工作队邱立诚等,与大埔县博物馆联合组成考古发掘队,对大埔县枫朗镇的几处浮滨文化遗存进行发掘,清理了21座墓葬[4]。1990年,中山大学考古专业曾骐教授与南澳县海防史博物馆,在南澳县隆东镇东坑仔调查和采集了一批浮滨文化遗物,并确认是一处遗址,由此对遗址进行了初步考察[5]。1992年,广东省文物考古研究所邱立诚、中山大学冯永驱等,带领中山大学人类学系考古专业的学生,对普宁县汤坑镇牛伯公山遗址进行发掘,发掘面积300平方米[6]。

实际上,20世纪30年代,意大利学者麦兆良神甫在汕尾的拔仔园、沙坑南、东坑等地发现

---

[1] 广东省博物馆等:《广东饶平县古墓发掘简报》,《文物资料丛刊》第8辑,1983年,100～105页。
[2] 邱立诚:《广东普宁县梅塘发现石、陶器》,《文物资料丛刊》第8辑,1983年,125～126页。
[3] 广东省博物馆等:《揭阳地都蜈蚣山遗址与油柑山墓葬的发掘》,《考古》1988年5期。
[4] 广东省博物馆等:《广东大埔县古墓葬清理简报》,《文物》1991年11期。
[5] 曾骐等:《广东南澳县东坑仔古遗址》,《东南文化》1991年6期。
[6] 广东省文物考古研究所等:《广东普宁市牛伯公山遗址的发掘》,《考古》1998年7期。

了浮滨文化时期的遗物,当时命名为拔仔园文化[1]。麦兆良于1953年5月27日去世,6个月后,拔仔园文化的两个测年报告才形成,沙坑南遗址的贝壳样本年代为公元前1050±100年,东坑遗址的碳十四样本年代为公元前1175±400年[2],这两个数据都在商末周初,可以说是准确的。其后中国学者饶宗颐等人在揭阳、普宁等地的考古调查中获得一批遗物,其中有部分是属于浮滨文化的[3]。20世纪60年代,广东省博物馆对大埔县以及福建学者对漳浦的考古调查,已发现浮滨文化遗物,但当时未能分辨出来,只是如寻常一般归入新石器时期[4]。此外,揭阳、潮州等地也发现了多处浮滨文化时期的遗存或遗物,为探寻和探讨这一考古学文化的地域分布提供了更多的材料。

1981年,李伯谦教授在《试论吴城文化》一文中,已经指出"吴城文化和……广东潮汕平原以浮滨墓葬……等为代表的诸文化遗存基本同时或略有先后"[5]。1983年,考古学家何纪生先生发表《香港的考古发掘与需要探讨的几个问题》一文,首倡"浮滨文化"[6]。1984年,朱非素发表《粤闽地区浮滨类型文化遗存的发现和探索》[7],提倡使用"浮滨类型文化"一词。邱立诚于1993年提交《先秦两汉时期潮汕地区的考古学文化》论文,正式提出了"浮滨文化"的命名问题[8],并于1997年与曾骐教授发表《论浮滨文化》,就"浮滨文化"进行专题论述[9];同时,又以《浮滨文化》[10]为题,在《文史知识》上作了专题介绍。1998年,曾骐教授发表《从象山人到浮滨人》[11],对潮州远古文化的历程作了深入的探讨,其中一节,对"浮滨人及其文化"进行论述,得出了"这时韩江流域的居民才更多地渗入南越族的血液"这一结论。1999年,吴春明出版《中国东南土著民族历史与文化的考古学观察》,文中认为:"粤东闽南地区青铜时代的开端仍是考古学界有争议的问题,其焦点是浮滨类型的年代以及浮滨类型青铜文化的内涵。"[12]杨式挺在《广东考古五十年》一文中,以普宁牛伯公山遗址的测年数据为例,进一步指出"浮滨文化"的存在,认为"这说明以往对'浮滨文化'的断代是可信的"[13]。2003年,《揭阳的远古与文明》一书对

---

[1] 麦兆良:《粤东考古发现》中译本,汕头大学出版社,1996年,95~120页。
[2] 曾柱昭:《麦兆良神父与广东考古》,载麦兆良《粤东考古发现》中译本,汕头大学出版社,1996年,235页。
[3] 饶宗颐:《韩江流域史前遗址及其文化》,香港,1950年;又载《选堂集林(史林)》,香港中华书局,1982年。
[4] 黄玉质等:《广东梅县大埔县考古调查》,《考古》1965年4期;《福建漳浦新石器时代遗址调查》,《考古》1959年6期。
[5] 李伯谦:《试论吴城文化》,《文物集刊》第3辑,1981年,后收入《中国青铜文化结构体系研究》,科学出版社,1998年,185~230页。
[6] 何纪生:《香港的考古发掘与需要探讨的几个问题》,《学术研究》(内部文稿)1983年6期。
[7] 朱非素:《粤闽地区浮滨类型文化遗存的发现和探索》,《岭外求真——朱非素考古论集》,科学出版社,2015年,185~194页。
[8] 邱立诚:《先秦两汉时期潮汕地区的考古学文化》,《潮州学国际研讨会论文集》,暨南大学出版社,1994年。
[9] 邱立诚等:《论浮滨文化》,《粤地考古求索——邱立诚论文选集》,科学出版社,2007年,270~282页。
[10] 曾骐等:《浮滨文化》,《曾骐考古学论文集》,广东人民出版社,2015年,356~358页。
[11] 曾骐等:《从象山人到浮滨人——潮州远古文化的历程》,《曾骐考古学论文集》,广东人民出版社,2015年,329~336页。
[12] 吴春明:《中国东南土著民族历史与文化的考古学观察》,厦门大学出版社,1999年,122~123页。
[13] 杨式挺:《广东考古五十年》,《学术研究》1999年10期。

浮滨文化进行了专题论述,指出"从现有的考古资料来看,榕江流域是浮滨文化遗存分布较为密集的地区,……浮滨文化有其鲜明的独特风格","浮滨文化的范围,大体东至福建的华安、长泰、龙海,北达广东的蕉岭至龙岩南部,西至广东的揭西、普宁以及海丰,南至广东的潮阳"。"浮滨文化在岭南的出现,是商文化在南渐的过程中,一方面融合了土著文化,另一方面也接受了土著文化的影响而发生变异产生的新群体。"[1] 2006年,李伯谦教授发表《粤东地区文明化进程的考古学考察》,认为"后山文化的消失和浮滨文化的兴起,是当地文化变迁的重大事件",并指出:"研究者一般都认为,浮滨文化的年代为商代,至迟也不会晚于西周早期。"[2] 2007年,邱立诚又发表《再论浮滨文化》[3],对浮滨文化作了进一步的阐述,提出"商周时期的浮滨文化区是现代闽南方言区形成的基石,从文化发展、演变的角度看,远在3 000年前的浮滨文化应就是潮汕文化与闽南文化积淀的底层及其渊源"。

汉学大师饶宗颐教授对浮滨文化的发现与研究极度关注,早在20世纪80年代,即题赠"浮滨文化"四字(图一),对这项研究勉励有加。1993年,饶宗颐教授发表《从浮滨遗物论其周遭史地与南海国的问题》[4],敏锐地指出:"浮滨文化遗存分布于粤东与闽西,恰巧是闽南方言的区域,要寻找汉初南海王国的所在,此中正可透露出一点消息。"为探讨考古学的浮滨文化与现今闽南方言语区的关系寻找到了衔接点。1997年,邱立诚与曾骐教授在《论浮滨文化》一文中,"推断当时已存在一个浮滨王国"[5]。1999年,饶宗颐教授撰文《浮滨文化的石璋、符号及相关问题》(又称《浮滨文化的符号》)[6],明确指出:"浮滨在古代是一王国。"这些探索,对有关浮滨文化社会性质所进行的研究起到了积极的推动作用。2006年,饶宗颐学术研讨会在潮州举行,陈耿之等发表《饶宗颐与浮滨文化》[7],对饶宗颐教授为浮滨文化研究所

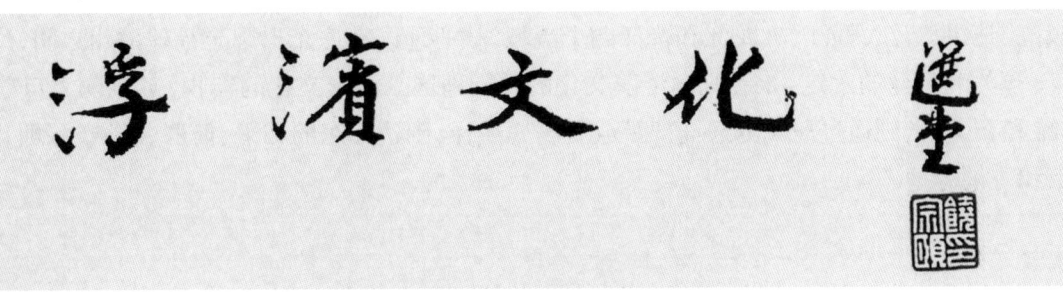

图一 饶宗颐教授题赠"浮滨文化"

[1] 揭阳考古队等:《揭阳的远古与文明》,(香港)公元出版有限公司,2003年,76~77、14页。
[2] 李伯谦:《粤东地区文明化进程的考古学考察》,《华学》第九·十辑,上海古籍出版社,2008年;后以《粤东地区文明化进程的考古学观察》收入《文明探源与三代考古论集》,文物出版社,2011年,247~248页。
[3] 邱立诚等:《再论浮滨文化》,《粤地考古求索——邱立诚论文选集》,科学出版社,2007年,283~293页。
[4] 饶宗颐:《从浮滨遗物论其周遭史地与南海国的问题》,《岭南古越族论文集》,香港博物馆,1993年。
[5] 邱立诚等:《论浮滨文化》,《粤地考古求索——邱立诚论文选集》,科学出版社,2007年,278页。
[6] 饶宗颐:《浮滨文化的石璋、符号及相关问题》,《岭南学报》(香港)新第一期,1999年;《浮滨文化的符号》,《饶宗颐二十世纪学术文集》卷一,中国人民大学出版社,2009年,249~257页。
[7] 陈耿之等:《饶宗颐与浮滨文化》,《饶宗颐学术研讨会论文集》,海天出版社,2009年,249~257页。

作的贡献给予了评述。由此可见,汉学大师饶宗颐教授对探讨考古学上的浮滨文化起到了旗手般的推动作用。

1991年,《漳州史前文化》第七章《漳州地区的青铜时代文化》报告了云霄县的墓林山遗址,认为"有助于对浮滨类型自身发展和演进过程的认识"[1]。近些年来,福建地区的九龙江流域已发现许多浮滨文化遗存,如漳州朝阳镇的虎林山遗存[2]、松柏山遗址的第二组遗存[3]、南靖县金山镇的乌仑尾遗址[4]和丰田镇的狗头山遗址[5],还有南靖县的浮山、三凤岭,龙海县的枕头山等[6]。晋江流域也有一些考古发现,如南安、永春、安溪等地的发现[7]。这些属于"浮滨文化"的遗存,有力地推动了有关该考古学文化的研究。

2015年,杨式挺等人出版了《广东先秦考古》专著,在书中的《商时期》第三节,作者专门设置了"浮滨文化"一题进行论述,提出"透过浮滨文化可以证明,潮汕地区是岭南地区中最早受到中原华夏文明系统浸润的地区"[8]。由于浮滨文化代表了粤东与闽西南区域这一时期的考古学文化,它所揭示的这一特定区域的社会历史,对探寻百越先民其中一支的文化面貌及其渊源关系极为重要,它与古揭阳的关系,以及与潮汕先民(包括整个闽南方言区)的关系也备受关注,因此,浮滨文化被列入广东与福建的重大考古课题之一,有着深远的历史意义和特别的社会意义。

二、浮滨文化的分布

迄今的考古资料显示,浮滨文化遗存主要分布于粤东与闽西南地区,即西至广东普宁,北达广东大埔和福建南靖,东在福建龙海、长泰一线,广东南澳等岛屿也属其分布范围。总体观察,其地域范围横跨榕江、韩江、九龙江和晋江四个流域,核心地区在广东揭阳至福建漳州之间,广东的海丰、蕉岭和福建的永定、永春则属浮滨文化的外围地区。浮滨文化的器物,如釉陶大口尊、壶、豆、罐和石戈等,则通过居民的迁徙携带或贸易等途径,到达广东的和平、博罗、增城、深圳、珠海、中山和香港等地[9]。

---

[1] 尤玉柱主编:《漳州史前文化》,福建人民出版社,1991年,92~99页。
[2] 福建博物院等:《虎林山遗址:福建漳州商周遗址发掘报告之一》,海潮摄影艺术出版社,2003年。
[3] 福建博物院等:《虎林山遗址:福建漳州商周遗址发掘报告之一》,海潮摄影艺术出版社,2003年。
[4] 福建博物院文物考古研究所等:《乌仑尾与狗头山:福建省商周遗址考古发掘报告》,科学出版社,2004年。
[5] 福建博物院文物考古研究所等:《乌仑尾与狗头山:福建省商周遗址考古发掘报告》,科学出版社,2004年。
[6] 尤玉柱主编:《漳州史前文化》,福建人民出版社,1991年,99~120页。
[7] 福建晋江流域考古调查队:《福建晋江流域考古调查与研究》,科学出版社,2010年。
[8] 杨式挺等:《广东先秦考古》第七章《商时期》,广东人民出版社,2015年。
[9] 邱立诚:《广东先秦时期考古研究的新进展》,《岭南考古研究》第2辑,岭南美术出版社,2002年;广东省文物考古研究所:《博罗横岭山》248号墓,科学出版社,2005年;广州市文物考古研究所等:《增城石滩围岭遗址发掘简报》,收入《广东文物考古三十年》,暨南大学出版社,2009年,259~272页;中山市博物馆:《中山历史文物图集》图25,1991年;香港古物古迹办事处等:《香港马湾岛东湾仔北史前遗址发掘简报》,《考古》1999年6期。

榕江的干流为南河,发源于广东陆丰百花园,经揭西、普宁,至揭阳城南,到双溪嘴与北河汇流。榕江的一级支流为北河,发源于丰顺猴子崠南麓,经县城汤坑入揭阳,至揭阳城西再折向东北,到双溪嘴与南河汇流。两河合流后流经牛田洋,由汕头入海。据2003年的复查资料,榕江地区的浮滨文化遗存是比较多的,仅揭东区和榕城区所见就达35处,其中较重要的地点有普宁牛伯公山、普宁流沙龟山、揭东地都油柑山、揭阳仙桥山前村等[1]。

韩江,古称员水,其上源为汀江和梅江。汀江发源于福建长汀县与宁化县之间的木马山,流经上杭、永定,至广东大埔三河坝与梅江合流。梅江则源自广东紫金白山崠的琴江,经五华到兴宁水口始称梅江,流经梅州,到大埔三河坝与汀江汇流。两河合流后则为韩江,此后流经潮州,然后在澄海境内分东溪、西溪、梅溪及新津河等支流入南海。目前,因韩江流域考古调查工作还有待开展,发现的浮滨文化遗存并不多,但已发现的地点却很重要,如饶平浮滨、联饶和大埔枫朗等地的墓葬,韩江出海口外的南澳东坑仔遗址,都是极具典型意义的浮滨文化遗存。

九龙江的干流为北溪,主要支流为西溪。北溪发源于福建漳平,流经华安、长泰,到龙海与西溪汇流。西溪源于南靖,与来自龙岩、平和的支流在南靖合流后始称西溪,流经漳州,到龙海与北溪汇流,然后从厦门入海。九龙江地区发现的浮滨文化遗存十分丰富,考古发掘也多有重要收获,如南靖鸟仑尾遗址、狗头山遗址,漳州虎林山遗址等。平和、云霄、龙海等地也有一些重要的发现,它们都属于虎林山类型。福建学者认为,该类型是广泛分布于粤东闽南地区"浮滨文化"的地方类型[2],其年代大体在距今3 300～3 100年。1986年,在南靖县城郊的浮山,发现一批石器、陶器及釉陶器,福建学者暂以"浮山类型"称之。这批遗物多较完整,估计此地是一个墓葬区,实际上也属"浮滨文化",可以认为也属于粤东闽南地区"浮滨文化"的地方类型[3]。

晋江流域是浮滨文化分布的北界,比较典型的地点是南安县赤坑山遗址,较重要的地点还有南安县民安村遗址以及永春县茶心山、康山,安溪县金厝坂等一些遗存,其中出现大量硬陶器和釉陶器,常见尊、豆、壶、罐、杯等;纹饰以条纹为大宗,席纹、云雷纹、绳纹、方格纹也常见。石器主要是戈、矛、钺、镞、锛、斧、凿等。该区域未进行大型的典型遗址考古发掘,故目前所见的浮滨文化资料较为零散。实际上,最为重要的考古遗存是南安县大盈寨山遗址和丰洲狮子山遗址[4],出土青铜器有戈、矛、戚、剑、铃、锛等,与浮滨文化石器中的戈、锛造型十分相似,带有浓厚的地域特色。一般认为,其年代为西周时期。

---

[1] 李岩:《揭阳市古遗址调查报告》、魏峻:《揭东县先秦两汉遗址调查报告》,均载《揭阳考古》,科学出版社,2005年,112～180页;吴雪彬等:《广东普宁两处先秦遗存的调查》,《南方文物》1992年2期;广东省文物考古研究所等:《广东普宁龟山先秦遗址2009年的发掘》,《文物》2012年2期。
[2] 杨琮等:《中国考古工作60年·福建省》,《中国考古60年》,文物出版社,2009年,289页。
[3] 林公务:《福建境内史前文化的基本特点及区系类型》,《福建历史文化与博物馆学研究》,福建教育出版社,1993年,84页。
[4] 庄锦清等:《福建南安大盈出土青铜器》,《考古》1977年1期;许清泉等:《福建丰州狮子山新石器时代遗址》,《考古》1961年4期。

三、浮滨文化遗存的发现

(一) 浮滨文化遗址主要分布在广东和福建

1. 广东地区的遗址

主要有普宁市牛伯公山、南澳县隆东镇东坑仔遗址等。

(1) 普宁市牛伯公山遗址

牛伯公山遗址位于普宁市汤坑镇汤坑河(现为水库)的东侧山岗上,20世纪80年代由普宁市博物馆在文物普查时发现。1992年9~10月,广东省文物考古研究所与中山大学人类学系考古专业联合组成考古发掘队,在普宁市博物馆的协助下进行发掘,发掘面积300平方米。遗址中发现一处红烧土硬面遗迹以及一些柱子洞、水沟和一些圆形、长方形或不规则形灰坑。红烧土硬面应属于居住面遗迹,和两侧的柱子洞构成房子形态,以柱距1.9米及走向为圆形分析,这处房子的面积不会很大。由此推测,这处遗址的房子应属地面式而非干栏式建筑。在红烧土硬面上出土2件陶纺轮,附近出土1件石镞。另有一处遗迹由5块石块所形成,石块经人工修整,形成一个平面,分布范围为2.1×0.7米,附近出土原始瓷尊、杯等,很可能属于祭祀遗迹。遗址中有一个椭圆形的坑穴(H7),直径为1.05~1.25米,深0.74米,因其处于山坡上,高处坑口有宽35厘米的豁口接一条水沟引水(G1),低处坑口有宽8厘米的豁口接另一条水沟排水,故推断这是遗址居民用于日常生活的蓄水坑穴。共发掘灰坑16个,其形状有圆形或椭圆形(6个)、长方形(2个)、不规则形(8个)。属于长方形灰坑的H11,在其东南也有一条沟渠状遗迹与之连接,推测有可能也是用于蓄水的坑穴。而不规则形坑穴看来更有可能是堆放垃圾的。清理出一条水沟(G1),在山坡上自西北向东南倾斜而下,呈弯曲的条带状,最大坡度为14°。沟壁平整,略向沟底倾斜,底部圜平。已清理部分长6.1米,沟口宽0.15~0.4米,深0.4~0.55米。沟壁平整,沟底挖至生土。由此判定水沟为人工设置,属于兼有引水与排水功能的设施。遗址出土的器物有原始瓷大口尊、豆;陶尊、罐、带流壶、豆、钵、杯、釜、器座、支脚、纺轮。出土梯格纹陶拍,说明这里有生产陶器的窑场。陶器纹饰以方格纹数量最多,包括大、中、细几种;其他纹饰有条纹、绳纹、梯格纹、云雷纹、弦纹等,数量均较少。石器则有戈、矛、镞、锛、凿、刀和砺石。饰品有石环和玉玦。这处遗址面积约为5 000平方米,从其他同类遗存的情况分析,遗址居民的埋葬区不在这里。据碳十四测定,牛伯公山遗址的样品年代为距今3 390~2 870年,即相当于商代中期至西周前期[1]。

值得注意的是,遗址出有陶纺轮,不见树皮布石拍,在衣服制作方面显示出与普宁后山遗址居民很大的差别。后山遗址的陶钵、凹底陶罐与浮滨文化的同类器应有传承关系,后山遗址的年代可能略早于浮滨文化遗存,其居民仍然沿用了珠江三角洲地区新石器时代居民使用树皮布石拍制作衣服的传统[2],而牛伯公山遗址居民则使用纺轮来制作纺织品,这符合粤北地区以及岭北

---

[1] 广东省文物考古研究所等:《广东普宁市牛伯公山遗址的发掘》,《考古》1998年7期。
[2] 广东省文物考古研究所等:《广东普宁市池尾后山遗址发掘简报》,《考古》1998年7期;邓聪:《东南中国树皮布石拍使用痕试释——后山遗址石拍的功能》,《揭阳考古》,科学出版社,2005年,239~251页。

地区的传统。结合釉陶大口尊、折肩陶罐这类带有浓厚的商时期文化风格的器物,可以认为,浮滨文化受到了中原商文化与江西吴城文化[1]的强烈影响,又有相当鲜明的土著文化特征。基于此,我们相信,在粤东地区,至迟是在浮滨文化时期才放弃了树皮布衣服的传统,转而接受了纺织类衣服。对于该地区的居民来说,这是一个具有历史意义的重大事件,时间发生在公元前1400年前后。

(2)南澳县东坑仔遗址

东坑仔遗址在南澳岛南面距海边不远的山岗上[2]。1990年,南澳县文物工作者经过多次调查,在山岗的西北坡采集了一批遗物,并确认是一处遗址。可惜没有进行正式发掘,遗址已被毁无存。但出土遗物仍为我们的研究提供了依据。陶器有大口尊、壶、罐、圈足盘、浅盘豆、器盖、支座、支脚、纺轮和陶拍、陶网坠。石器有锛、斧、矛、穿孔石器、凹石、砺石和纺轮。支座有实心体与空心体两类。陶器的纹饰有梯格纹、篮纹、方格纹、双线方格纹、菱格纹等。陶器中有少量施薄釉,火候较高。陶拍的存在说明,这里也同样有烧造陶器的窑场。采集到的7件陶拍均为细砂红褐陶,火候高,为正方形或扁方柱形,长5～5.5厘米。四个拍面刻梯格纹或方格纹,其余两个拍面分别有四个或五个圆点。陶纺轮则表明,遗址居民与前述的牛伯公山遗址居民一样,懂得制作纺织类衣服。但东坑仔遗址不见陶钵这类器物,从器物演变的轨迹分析,或许暗示其年代要晚于牛伯公山遗址。

石器也有30多件,多数为砂岩砾石,少数为燧石石片。种类有锛、斧、凿、锤、磨棒、三角形器、砺石、凹石、纺轮等。其中锛、斧、凿多是使用后的残缺品,也有较精致的有段石锛,说明浮滨文化与有段石器有文化关系。7件凹石在石块上留有一个或多个凹痕,是砸击贝类硬壳或坚果所遗留的浅窝。初步认为,东坑仔遗址可能属于浮滨文化前期,年代在距今3 300年前后。

东坑仔遗址属于浮滨文化的海岛遗存,浮滨文化居民的海上活动能力是毋庸置疑的。珠江口的香港岛屿马湾岛东湾仔北遗址也发现了浮滨文化遗物,这是浮滨文化居民从海路向西迁徙的证据[3]。

还应指出,东坑仔遗址发现的2件燧石质细小石器,与南澳岛象山出土的细小石器[4]应是同类型,即属于距今8 000年前的"漳州文化"[5],与浮滨文化是两个年代不同、内涵也不同的考古学文化。

(3)其他遗址

主要有揭阳市揭东区地都蜈蚣山遗址(2B层)[6]。1983年发掘。未见房子遗迹,但发现有5个灰坑,均为不规则椭圆形。最大的一个长径1.3米,深0.35米;其余口径为0.5～0.7米,深0.2～0.4

---

[1] 江西省文物考古研究所等:《吴城——1973—2002年考古发掘报告》,科学出版社,2005年。
[2] 曾骐等:《广东南澳县东坑仔古遗址》,《东南文化》1991年6期。
[3] 香港古物古迹办事处等:《香港马湾岛东湾仔北史前遗址发掘简报》,《考古》1999年6期。
[4] 曾骐等:《广东省南澳县象山新石器时代遗址》,《考古与文物》1995年5期。
[5] 尤玉柱主编:《漳州史前文化》,福建人民出版社,1991年。
[6] 广东省博物馆等:《揭阳地都蜈蚣山遗址与油柑山墓葬的发掘》,《考古》1988年5期。

米。石器有刮削器、梯形锛、凿等。陶器有釜、壶、罐及梯形、斗笠形、算珠形纺轮等,纹饰有长方格纹、方格纹、编织纹、条纹、曲折纹、菱格纹等,部分火候较高,属于硬陶,有少量原始瓷。

2. 福建地区的遗址

主要是南靖县鸟仓尾遗址[1]。遗址在南靖县金山镇九龙江西溪支流龙山溪的东侧,属山岗遗址。2002～2003年对遗址进行了发掘,共2050平方米。内涵分为两期,报告认为第二期文化属于浮滨文化遗存,包括遗址的第二文化层及其下的7座墓葬(墓葬在下文介绍);第一期文化与第二期文化之间有缺环。但实际上两者有密切的发展演变关系。鸟仓尾遗址二期文化出土器物中,原始瓷占有相当数量,器类有罐、豆、尊、壶、杯、钵、纺轮、支座等。石器有戈、矛、镞、锛、刀、砺石。饰品有石环、玉玦。就陶器与石器的基本组合而言,这批遗物中的多数与浮滨墓葬的同类器有较多的共同点,但缺乏原始瓷大口尊和带把有流壶,另外平底陶钵与浮滨墓葬的同类器又有较大的差别,应是地方特点的反映。以豆类作标准器来分析,只见口径与腹径基本相等的型式,不见口径小于腹径的型式,似可说明,鸟仓尾遗址二期文化与浮滨墓葬的年代大致相同。

鸟仓尾遗址的一期文化虽然与二期文化有相当大的差别,但一些器物的形态特征比较接近,如石戈、石锛以及一些陶器纹样,说明两者有一定的传承关系。鸟仓尾遗址一期文化的陶器以尊、罐、豆为组合,以圜底、圜凹底和圈足器为特点,与二期文化之间的发展脉络显而易见。尤其是陶器上的细方格纹和复线菱格纹,与普宁后山遗址[2]有更多的共同点。鸟仓尾遗址一期文化的测年数据为距今3550年[3],相当于商代早期,这与普宁后山遗址的年代判断也较为接近。

云霄县墓林山遗址[4]也是较为重要的一处。该遗址位于云霄县屿屿乡城内村。1988年对遗址进行了抢救性发掘,出土了一批青铜器、石器和陶器。青铜器有锛1件、青铜残片2块、青铜渣若干粒。石器有戈、锛、凿、杵、玦和打制的斧、锛、镢、尖状器,以及砺石、凹石、石球等。陶器有尊、豆、罐、盆、碟、碗、钵、盘、杯、纺轮、支座、拍等。有少量原始瓷器。发掘者认为,墓林山遗址出土与浮滨文化典型器物相同或相似的遗物,其年代当与浮滨文化同时或稍晚,即不会早于西周前期。墓林山遗址T203、T401下层的贝壳样品,测定年代为距今2 450±65年、2 635±75年。

(二) 浮滨文化墓葬也主要分布在广东和福建,均为土坑墓

1. 广东地区的墓葬

(1) 饶平县浮滨、联饶墓葬

浮滨墓葬位于饶平县浮滨镇塔仔金山,联饶墓葬位于饶平县联饶镇深涂顶大埔山[5],两地相

---

[1] 福建博物院文物考古研究所等:《鸟仓尾与狗头山:福建省商周遗址考古发掘报告》,科学出版社,2004年。
[2] 广东省文物考古研究所等:《广东普宁市池尾后山遗址发掘简报》,《考古》1998年7期;曾骐、吴雪彬:《揭阳榕江流域的后山类型》,《揭阳考古》,科学出版社,2005年。
[3] 福建博物院文物考古研究所等:《鸟仓尾与狗头山:福建省商周遗址考古发掘报告》,科学出版社,2004年,143页。
[4] 尤玉柱主编:《漳州史前文化》,福建人民出版社,1991年,92～99页。
[5] 广东省博物馆等:《广东饶平县古墓发掘简报》,《文物资料丛刊》第8辑,1983年,100～105页。

距约20公里。1974年在塔仔金山清理墓葬16座,随葬品多在墓坑上部呈纵向一字形排列;在顶大埔山清理墓葬5座,随葬品置于墓坑的一端;两地墓葬合计21座。塔仔金山的1号墓位于山岗顶部,其余者位于山岗周围,墓坑顺山势横置,其中两座墓有二层台(1号墓与6号墓)。1号墓的坑穴最大,长2.6米,宽1.08米,深1米;二层台长4.2米,宽2.9米,深2.6米。随葬品最多,包括陶瓷器与石器共36件。6号墓坑长1.7米,宽0.45米,坑底呈斜坡形,南端深0.2米,北端深0.3米,其墓向当系坐北朝南;二层台长2米,宽0.95米。随葬品只有石器和陶瓷器9件。其他墓大小不一,大者长2米,宽1.2米;小者长1.2米,宽0.6米。随葬品为陶瓷器与石器,有1~16件不等。由此可见,墓葬之间是有等级的,墓主人之间贫富悬殊也很大。这批墓葬出土器类十分丰富,原始瓷器中有相当数量是施釉的,器类有大口尊、小型尊,各式有把有流壶、葫芦形壶、圈足壶、高把豆或折腹豆,还有陶盆、钵、盂、杯、罐、釜、纺轮等。石器有戈、矛、锛、凿、砺石,饰品有石玦、石环、石璜及玉玦。两处墓地共出土遗物300多件,其中发掘清理出土197件。

需要作进一步讨论的是,联饶顶大埔山墓葬出土的陶钵为子口、饰方格纹,与牛伯公山遗址的陶钵大体相同;浮滨塔仔金山墓葬出土的原始瓷钵则为折腹、平底、施釉,其形制与原始瓷盆或折腹豆的盘身相同,只是器体小于原始瓷盆,或没有豆把而已。这种原始瓷钵与前述的陶钵在形态上有很大的差异,两者应有年代上的差别,即原始瓷钵的年代晚于子口陶钵,由此推断,联饶顶大埔山墓葬的年代与牛伯公山遗址较为接近,顶大埔山出土的一件鸡形陶壶[1]也支持这一分析,因为普宁后山遗址也出土较多这类鸡形陶壶。基于此,浮滨塔仔金山墓葬的年代晚于联饶顶大埔山墓葬的推断是比较合理的。

联饶顶大埔山墓葬还有一个重要的发现是采集出土了一件青铜戈。该青铜戈长援、亚腰、直内无胡,内与援各一穿,长17.3厘米。据现场观察,这件戈应属墓葬遗物,当时与一件凹刃长石锛一起出土。戈的形态与江西吴城二期文化的铜戈形制相近。正是这件铜戈的发现,使我们推断浮滨文化已属于青铜文化,并由此推论,广东地区自商开始跨进了青铜文明的门槛。

浮滨、联饶墓葬出土的17件陶瓷器上共刻划十三种文字或符号,其中一件尊的腹部刻划一个"王"字,虽然我们还不能断定这个"王"字与现今的"王"字同义,但从浮滨文化所显示的内涵(如礼制、武装力量、埋葬等级)观察,浮滨王国的存在已是无可置疑的事实。从20世纪70年代发现浮滨墓葬,到80年代、90年代对浮滨文化的讨论和确认以及关于浮滨王国的推定,这一考古发现和研究,随着时间的推移而愈显重要。

(2)大埔县枫朗墓葬遗存

1986年发掘的枫朗墓葬遗存,包括金星面山、屋背岭、斜背岭三个地点,共22座墓葬[2]。这批墓葬中,随葬品最多的是1号墓,共22件,包括戈、锛类和环、玦类,墓坑长2.2米,宽1.25米,估计为合葬墓。20号墓随葬品共19件,也出土有戈、锛类和环、玦类,墓坑长2.7米,宽1.2米,估计亦为合葬墓。其余墓葬的墓坑长为1.1~2.2米,宽0.5~1.2米,一般长宽比在2∶1左右。随葬品

---

[1] 邱立诚:《对广东先秦考古研究的检讨》,《广东省文物博物馆事业前瞻》,广东人民出版社,2001年。
[2] 广东省博物馆等:《广东大埔县古墓葬清理简报》,《文物》1991年11期。

为3～10件不等。埋葬形态有三种：一是随葬品在墓坑一端，估计墓主埋于另一端；二是随葬品在墓坑一侧，墓主埋于另一侧；三是随葬品在墓坑上部纵向一字形排列，墓主埋于墓坑下部。前者可见于饶平县联饶墓葬；后者则见于浮滨墓葬，但不见二层台墓；出土石器、玉器、陶瓷器等141件，其中有各式原始瓷尊、大口尊、葫芦形尊、各式壶、带把有流壶、葫芦形壶、圈足壶、高把豆或折腹豆，还有钵、罐、釜、环、纺轮等；石器有戈、矛、锛、凿、刀和砺石；饰品有石玦、石环、石璜及玉环、玉玦。总体来看，器物种类组合和形态特点都与浮滨墓葬最为接近，标准器陶钵也与浮滨墓葬同类器相同。因此，两者的年代也应相当。稍有区别的是，枫朗墓葬陶瓷器上的刻文数量较多，31件陶瓷器上共刻划有十七种文字，个别已出现合文，并多见两个相同的刻文（符号）刻划于同一件器物上，一个刻文是烧造前刻划的，另一个刻文是烧造后刻划的。此外，枫朗墓葬的原始瓷折腹豆，已出现口径小于腹径的型式，而浮滨墓葬的原始瓷折腹豆，只有口径与腹径基本相等的型式。依此推测，枫朗墓葬中的一部分（第二期），年代应略晚于浮滨墓葬。

（3）揭阳市油柑山墓葬

油柑山墓葬位于揭阳市揭东区地都镇[1]。山高约40米，分布在南坡。1983年共清理墓葬8座，其中6座在山腰，2座近山顶。墓坑多为东西向，多数被毁。坑长1.55～2.25米，宽0.8～1.36米，残深0.2～0.5米。随葬品2～12件不等，多已不全，且多破碎。有玉器、石器、陶瓷器共35件（含采集的4件）。玉器仅1件玦，石器有锛、玦、管饰，陶瓷器有罐、壶、大口尊、纺轮等。纹饰有条纹、方格纹、编织纹。仅尊类施酱褐色釉，多已脱落。油柑山墓葬的年代，多被认为属浮滨文化早期。

（4）普宁市梅塘墓葬

梅塘墓葬遗物发现于1972年，是梅塘公社平远大队在普宁市梅峰中学附近平整土地时发现的，其后收藏于梅峰中学内[2]。1974年，广东省博物馆彭如策、邱立诚等闻讯后，即与普宁县文化局干部前往调查。据介绍，这批遗物出土于梅塘中学西面小路旁一个长约3米、宽约1.5米的土坑里，遗物呈纵向一字形排列，由此判断属于墓葬遗物。出土时共20多件，但部分已破碎。后交给文物部门共13件，包括石器5件、陶瓷器8件，其中有原始瓷6件。石器有戈、锛；陶瓷器有豆、壶、觯形器等。

（5）揭阳市云路梅林坑山墓葬[3]

1983年在揭阳市揭东区云路镇赵厝埔梅林坑山发现16件石器、陶瓷器，经勘察属于墓葬遗物。梅林坑山是一座高约50米的山岗，石器有戈、锛、凿；陶瓷器有尊、壶、豆以及釜、罐、圈足器等；其中尊、壶、豆为原始瓷。与普宁市梅塘墓葬的同类器大致相同，年代也应相同。

2. 福建地区的墓葬

（1）南靖县鸟仑尾墓葬

2002～2003年清理的鸟仑尾墓葬共23座[4]，位于南靖县金山镇河乾村西北约300米的鸟

---

[1] 广东省博物馆等：《揭阳地都蜈蚣山遗址与油柑山墓葬的发掘》，《考古》1988年5期。
[2] 邱立诚：《广东普宁县梅塘发现石、陶器》，《文物资料丛刊》第8辑，1983年，125～126页。
[3] 吴诚：《广东揭阳云路出土一批石器、陶器》，《考古》1985年8期。
[4] 福建博物院文物考古研究所等：《鸟仑尾与狗头山：福建省商周遗址考古发掘报告》，科学出版社，2004年。

仑尾山坡上,其中北区3座(4、5、11号墓),东南区5座(1~3、6、7号墓),西南区15座(8~10、12~23号墓),只有4号墓与5号墓有二层台,报告称为腰坑。实际上与广东饶平浮滨墓葬的情况是相同的。4号墓坑长2.36米,宽0.6米,深0.26~0.3米;二层台长2.98米,宽1.86米,深0.26米。随葬石镞、石饼、砺石及陶瓷罐、豆、匜、支座、纺轮共13件。5号墓坑长2.78米,宽0.24~0.62米,上宽下窄,斜壁,深0.34米;二层台长2.98米,宽1.46米,深0.42~0.5米。二层台四角底部有圆形柱洞,推测墓葬上部为干栏式建筑。随葬石镞、石锛、石球、石饼、凹石及陶瓷尊、罐、釜、盆、豆、匜、支座、纺轮共11件。2号墓与13号墓的二层台并不成立,因为只在墓壁局部位置有倾斜或近似二层台的结构。其余墓葬长1.08~2.78米,宽0.83~1.46米。最大的一座墓葬是23号墓,残长3.16米,宽2.6米,随葬品61件,包括有石戈、矛、锛、陶瓷尊、罐、钵、支座、纺轮以及玉玦等,当为合葬墓。最少者仅5件随葬品。从随葬品的放置形态看,置于一端的最多;其次为放在中间一字形排列,主要是二层台墓;放在一侧的很少。鸟仑尾墓葬也同样可分为二期,第一期墓葬包括1~9、11~15、17、19号墓,共16座。随葬品以石器为多,种类有石戈、石矛、石镞、石锛、石球、石饼、砺石和凹石;未见有阑戈。陶器中,以尊、豆、罐为常见组合,其他有釜、壶、瓮、盆、钵、匜、杯、器座、支座等,不见原始瓷。流行圜底、圜凹底和圈足器,少量平底器。纹饰有方格纹、梯格纹、复线菱格纹、曲折纹、条纹、绳纹、锥刺纹等。第二期墓葬有10、16、18、20、22、23号墓,共6座。玉石器有石戈、石矛、石镞、石锛、石凿、砺石、石环、石钏等,出现了有阑戈,还有玉玦;陶瓷器以尊、豆、壶、罐为常见组合,其他有钵、杯、支座、纺轮等。多见原始瓷器,数量达泥质陶器的63%,器表、足部常见刻划符号。流行平底器、圈足器,也有少量圜底器。纹饰有细方格纹、梯格纹、复线菱格纹、条纹、斜线纹、绳纹等。两期文化既有区别,如陶器的尊、豆、盆有差异;也有联系,如陶罐、石锛、石戈、石矛等。两期文化前后衔接紧密,应有一定的传承关系。

(2)南靖县狗头山墓葬

2003年在南靖县丰田镇顶州村东北约100米的寨仔坪山尾南坡及西坡清理狗头山墓葬5座,出土随葬器物71件[1]。其中M1位于东南坡,其他4座位于西北坡。M2打破了M5,M3打破了M4;从分期来看,M4、M5为第一期,M1~M3为第二期。另在地层中出土了29件随葬品。从形态看,随葬器物的放置有两种方式,即放置在一端,或纵向一字形排列。但陶器多已破碎,推测可能是有意打碎的。遗物中,石器有锛、戈、矛、钏、玦、砺石;陶器有尊、壶、豆、罐、钵、杯、纺轮;玉器有璜等。尊、豆、壶多见原始瓷器,豆、壶器表多见刻划符号。第一期文化与第二期文化最为密切者是石锛,主要分凹刃与平刃两种。陶器则有较大的区别,如罐、豆类的形态不同;不见尊、壶类,也没有原始瓷器。

(3)漳州市虎林山墓葬

2001年在漳州市东北郊龙文区朝阳镇后店樟山村虎林山和山林山共清理20座墓葬[2]。以山体马鞍形低处为界,东北坡为虎林山,清理墓葬14座;西南坡为山林山,清理墓葬6座。从形态

---

[1] 福建博物院文物考古研究所等:《鸟仑尾与狗头山:福建省商周遗址考古发掘报告》,科学出版社,2004年。
[2] 福建博物院等:《虎林山遗址:福建漳州商周遗址发掘报告之一》,海潮摄影艺术出版社,2003年。

看,随葬器物主要放置在一端,少量放置在一侧,个别在墓中央呈纵向一字形排列。其中8座墓为二层台墓(M3、M11、M13、M15、M16～M19)。18号墓坑穴很大,残长4.28米,残宽1.86米,深0.42米;二层台长1.85米,宽0.58米;中间还有一个长方形坑,长1.2米,宽0.46米,深0.63米。出土石戈、锛、钏及陶瓷尊、壶、罐、豆35件。器物放置在中央,从器物的种类看,应为合葬墓。19号墓也有二层台,坑长3.12米,残宽1.4米,深1.02米;中间的坑长1.08米,宽0.56米,深0.34米。出土青铜戈、矛、铃和石璋、戈、锛、钏,陶瓷釜、尊、壶、罐、豆等49件。器物放置在一端,也应为合葬墓。13号墓也有二层台,坑长2.84米,宽1.4～1.88米,深0.4米;中间的坑长1.32米,宽0.65米,深0.9米。随葬石璋、戈、锛、玦及陶瓷釜、尊、豆等33件。器物主要放置在一端,从器物的种类看,也属于合葬墓。其他墓葬多为单人葬,长1.76～3.58米,宽1～2.28米。一般地说,有戈、矛类武器的,就不出装饰品或纺轮,如1、5、20号墓等。但5号墓坑长2.32米,宽1.2～1.6米,随葬器物有戈、锛、玦共14件,另有几块不能辨认器形的陶器碎片。这座墓也有可能是合葬墓。总体观察,虎林山墓葬的随葬器物中包括石戈、矛、镞、锛、铲、牙璋、钏、玦、砺石,玉玦,陶瓷釜、尊、壶、罐、带把罐、豆、钵、盆、杯、纺轮,铜戈、矛、铃(含铃舌)等共310件。另散落在地层和地表中的石器与陶瓷器有116件。

此外,在虎林山墓葬还发现了人字形或凹形刮削器等细小石器11件,应是距今8 000年前"漳州文化"的遗物,不列入本文研究范围。

(4)漳州市松柏山墓葬

2001～2002年间,在漳州市区西郊松柏山(金峰工业开发区工地)清理了7座文化内涵与虎林山遗存接近的墓葬[1]。墓葬平面均为长方形,长1.87～3.08米,宽1.12～1.74米。不见二层台墓。随葬器物有石戈、锛、镞;陶瓷尊、豆、釜、罐、钵、纺轮等。器物主要放置在墓的一端。松柏山墓葬的文化内涵与虎林山第一期文化面貌应较接近,属同类遗存。

(5)南靖县三凤岭与浮山等地墓葬

1990年在南靖县三凤岭清理了1座墓葬,出土各类石戈10件以及少量陶瓷器。1986年在南靖县城郊的浮山出土了许多遗物,据判断属于墓葬。石器以戈、锛为主,戈类多为无阑穿孔戈,磨制精细。陶瓷器中,器物种类主要有尊、豆,多见刻划符号,口沿有穿孔。原始瓷器占相当的比例,釉色有酱黄、酱黑、酱青等,脱落现象较多。纹样比较单一,多为条纹[2]。此外,在诏安县陂里后山、平和县西山及漳浦县眉力水库清理的墓葬中[3],所出器物也属同类。出土石器有锛、戈、矛、镞、璋、璜等;陶瓷器有釜、尊、罐、壶、豆、钵、拍、纺轮。尊、壶、豆多为原始瓷器,器身有刻划符号。釜为夹砂陶;罐为泥质陶,有圜底、圜凹底、平底或圈足器等多种。纹样有条纹、梯格纹、叶脉纹、曲折纹、篮纹、方格纹、菱格纹、绳纹等。

---

[1] 福建博物院等:《虎林山遗址:福建漳州商周遗址发掘报告之一》,海潮摄影艺术出版社,2003年。
[2] 郑辉、林聿亮:《福建南靖县三凤岭西周墓》,《东南文化》1990年4期;林公务:《福建境内史前文化的基本特点及区系类型》,《福建历史文化与博物馆学研究》,福建教育出版社,1993年,84页。
[3] 福建省博物馆等:《福建诏安考古调查简报》,《福建文博》1987年1期;郑辉、朱高见:《福建平和县发现一座西周墓》,《东南文化》1991年1期;曾凡:《福建漳浦新石器时代遗址调查》,《考古》1959年6期。

综上所述,粤闽地区的浮滨文化遗存中,典型遗址的发现与发掘尚嫌太少,更多的发现与发掘属于墓葬材料,但为浮滨文化的分期奠定了坚实的基础[1]。发现的器物包括陶器、原始瓷器、青铜器、石器、玉器等,器形种类较多,为探讨浮滨文化的内涵提供了条件,也为研究浮滨文化与周边地区的文化关系和环境的相互关系提供了资料[2]。随着本书的出版和研究的深入,一定能收获更多,为这一地区早期青铜文化的确立增添耀眼夺目的光彩。

---

[1] 吴春明:《粤东闽南早期古文化的初步分析》,《东南考古研究》第一辑,厦门大学出版社,1996年;许永杰、范颖:《闽南粤东地区先秦时期考古学文化分期及相关问题》,《北方文物》2013年4期;干小莉:《九龙江流域商周时期古文化分期初探——兼谈浮滨类型的年代》,《考古学报》2010年1期。
[2] 魏峻:《粤东地区考古学文化与环境的互动》,《南方文物》2008年1期。

附录三

回忆浮滨文化遗存发现和发掘的几件事

邱立诚

1974年，我在广东省博物馆文物工作队，参加了在饶平县北部浮滨公社桥头大队塔仔金山浮滨文化遗存的考古发掘，在那里清理了16座墓葬。后又在距离县城6公里的联饶公社深涂大队顶大埔山发掘了浮滨文化遗存，清理了5座墓葬。记得当年7、8月间，我跟随彭如策（后为广东省文物鉴定站副研究馆员，已退休）、宋方义（后为广东省博物馆副研究馆员，在广州逝世）两位考古前辈到饶平进行考古发掘和调查工作，但两位先生都因为有事先后回广州，而我则一直到10月底才回。当时塔仔金山是因为平整土地发现了古代遗物，经饶平县文化局报广东省主管部门，才由广东省博物馆派出考古人员前往发掘。负责塔仔金山平整土地的是饶平县武装部部长，是为农业学大寨运动而开展平整土地的。我当时守候在现场，发现遗物时即停止了在该处的土地平整，并进行考古清理，故而耽误了土地平整工作。饶平县武装部部长对此有很大的意见，但因得到了饶平县革委会对考古工作的支持，又得到饶平县文化部门和社员们的帮助，故发掘工作基本没有受到大的影响。我在现场发现遗物后，在器物的周边用竹签清理出墓边，进而画图、照相，取出器物，其艰难可想而知。发掘结束后，我与彭如策先生一起，到饶平三饶公社九村调查明清至民国时期的青釉瓷窑址和青花瓷窑址，采集了许多标本。饶平县里参加调查和发掘的是文化馆陈德安同志（后调任其他部门，已退休）。他工作勤勤恳恳，态度认真踏实，并于1975年初参与由广东省博物馆副馆长林卓华（已逝）为领队，何纪生（后为中山大学人类学系教师，已逝）、彭如策、我参加的赴湖南、江西、福建三省参观的学习团活动，此是后话。

9月初，发掘成果在饶平县文化馆附近的地方展出。这些发掘品和采集品都是用大板车拉去的，只写了简单的说明，用绳子略为隔开，就给赶集（趁圩）的老百姓参观，并对其进行宣传。其间，联饶公社深涂大队的农民说，这类东西他们那里也有，我们于是又到深涂大队的顶大埔山进行工作。发掘原因与方法均和前者相同。有一天，参加顶大埔山平整土地的农民挖出了一件铜戈，共出一件石锛。我当时正在顶大埔山的另外一边进行发掘，急忙到发现地，已无法清理出墓边，铜戈与石锛只好算作采集品。这是浮滨文化遗存发现的时代最早的一件青铜器。

这些考古发现，由彭如策和我执笔，写了《饶平县发现新石器时期晚期墓葬》一文，在汕头地区文化局编印的《汕头文物简讯》第四号作简单的报道。其后，这批墓葬于1983年在《文物资料丛刊》第8辑以《广东饶平县古墓发掘简报》公开发表，其年代定为"约相当于商代"。当时帮助我编写简报的是同在文物队工作的黄道钦，他修改简报稿子的情景我还历历在目，至今难忘。

实际上，在20世纪30~40年代，时在汕尾担任传教士、在粤东地区传教的意大利神甫麦兆良，曾在海丰、蕉岭等地发现这类含釉的原始瓷大口尊和陶器、石戈等考古遗存，但因未能弄清其内涵，而把它归入"拔仔园文化"，但考古年代的排列顺序是很有眼光的，定为"铜石并用"时期也基本准确。

1953年6月，麦兆良在香港去世，我则于1953年11月在广州出生。浮滨文化遗存由麦兆良首先发现，而由我参与再次发现和发掘，并率先进行研究，这或许是冥冥之中的注定吧。2006年，我参加香港中文大学中国文化研究所考古艺术研究中心邓聪教授的研究课题，在香港历史博物馆接触了麦兆良的藏品，其中有在海丰发现的浮滨文化遗物，并和邓聪教授、香港历史博物馆马文光先生（现任职于香港古物古迹办事处）等，完成麦兆良留在香港的考古藏品研究。2009年，香港历史博物馆一楼搞了一个麦兆良的小型展览，我也在香港历史博物馆作了演讲，题目为"沉睡的历史——麦神父粤东考古的贡献"；2012年，又在广东省博物馆再次以"沉睡的历史——麦神父对广东考古的贡献"为题作演讲；2019年，受汕尾博物馆馆长练娟的邀请，以"沉睡的历史——麦兆良对汕尾考古的贡献"为题作演讲。这几次演讲，都对浮滨文化遗存作了专题的介绍。

1974年饶平的考古调查发掘结束后，我与彭如策听说普宁县也发现了此类遗物，当即到普宁的梅塘公社进行考古调查。发现地是在普宁西北的梅塘公社远光大队梅峰中学，1972年梅峰中学平整土地作为球场，在挖土时发现一批遗物，发现后一直保存在校长室作为教学使用，但他们并不知道属于什么朝代，只知道是远古的。普宁县文化局协助我们将这批遗物运回县里，再转运至广东省博物馆。后由我整理执笔《广东普宁县梅塘发现石、陶器》一文，发表在1983年的《文物资料丛刊》第8辑，即与《广东饶平县古墓发掘简报》同在一辑。这也是浮滨文化遗存的一部分。

1983年底，广东省文化厅委托广东省博物馆在揭阳举办广东省考古训练班，时任广东省文化厅副厅长徐恒彬也到揭阳，为广东省考古训练班的学员讲话，辅导老师为朱非素、邱立诚、毛衣明、李浪林，广东省文管办的黄道钦，汕头地区文化局陈瑞和以及暨南大学历史系赵善德、江炳强。揭阳县博物馆张宗仪馆长、陈勤文副馆长也参与授课。发掘实习期间住在地都镇南陇大队礼堂，参加发掘的有广东省考古训练班的全体学员。我作为主办人员，负责训练班的教学工作，后勤工作则由揭阳县博物馆承担。其间发掘了地都镇蜈蚣山遗址和油柑山浮滨文化墓葬。蜈蚣山遗址的第3层属于新石器时代；2B层则出土原始瓷器及陶、石器，年代为商时期，属浮滨文化遗存；2A层则以夔纹陶器为代表，年代为春秋时期。此外，在广东省博物馆杨式挺与揭阳县博物馆吴道跃等发掘油柑山墓葬的基础上，共清理油柑山墓葬8座，出土玉玦、石锛、玦、管珠、陶釜、罐、壶、纺轮，原始瓷大口尊等，年代为商时期。发掘结束后，我和毛衣明、黄凤好、陈红冰、吴道跃，对发掘资料进行了整理和绘图，由我执笔，编写了《揭阳地都蜈蚣山遗址与油柑山墓葬的发掘》一文，发表在《考古》1988年5期。令人叹惜的是，朱非素（后任广东省文物考古研究所副所长、研究馆员）、赵善德（暨南大学历史系副教授）和吴道跃三人先后逝去；徐恒彬后来任广东省文管会办公室主任、研究馆员，并兼任广东省文物考古研究所所长，其后在广东省文物考古研究所退休；黄道钦后为广东省文管办副主任、广东省文物考古研究所副所长、广东省文物鉴定站主任、广东省文物考古研究所所长，已退休；陈瑞和后来任汕头市高级技工学校校长（已退休）；李浪林先去了深圳博物馆，后来移居香港，任职于香港古物古迹办事处考古组，现在也已退休；毛衣明、江炳强离职后不知去向；黄凤好已移居加拿大；我后来任广东省文物考古研究所副所长，与陈红冰同在广东省文物考古研究所退休；张宗仪已去世；陈勤文先生后来调任其他部门，也已退休；杨式挺后任广东省博物馆副馆长、研究馆员，已退休，2019年已届87岁高龄，至今仍笔耕不辍。睹物思人，感叹万分，记于此处，留作纪念。

之后，我整理了1983年初由揭阳县博物馆在揭阳县云路公社赵厝埔梅林坑山发现的一批浮滨文化遗物，计有石器6件，陶器与原始瓷器10多件，包括石戈、锛、凿和陶大口尊，原始瓷大口尊、豆、壶等。由我执笔，编写了《广东揭阳云路出土一批石器、陶器》一文，发表在《考古》1985年8期。这个地点是有铜器的，但可惜已成碎末，看不出形态，故没有写进简报。现在想起，后悔不已。浮滨文化是广东最早确认的青铜时代考古学文化，这一点是没有疑义的，它与青铜器共存，也是早已证实了的事实。梅林坑山浮滨文化时期墓葬出土的青铜器，因为埋藏的原因而成了碎末，这是令人遗憾的事情。

1982年12月，由广东省博物馆尚杰（后为广东省文物考古研究所研究馆员、已退休）、梅县地区文化处叶伟雄（已逝）、大埔县博物馆副馆长何津能（已退休）三人，发掘了大埔县枫朗镇王兰小学背后的金星面山一号墓，出土了一批浮滨文化遗物。1986年6、7月间，在大埔县博物馆馆长郭志群（已退休）的协助下，我当时是广东省博物馆文物工作队副队长，与同事刘建安（后移居澳大利亚）、五华县博物馆李达科（后调深圳市宝安区工作，现为深圳市达科格位数论代数运算系统研究所所长），在枫朗镇王兰小学一带的金星面山清理了5座墓葬，在屋背岭清理了5座墓葬，在斜背岭清理了11座墓葬，出土了许多浮滨文化遗物，包括陶器、原始瓷器、石器和玉器。此外，在王兰小学附近的仙子下村、背头岭以及湖寮镇莒村下北山、结高岭一带，也采集了一些浮滨文化遗物，说明大埔也是浮滨文化的主要分布区域。记得当时王兰小学还未通车，我们坐车到了枫朗镇以后，就徒步3、4公里到王兰小学，行李及发掘用品也请人帮忙挑到住地。王兰小学的老师腾出了自己的房间给我们住，让我们感动不已。因为条件十分艰苦，刘建安同志的情绪有所波动，但女老师们非常热情，晚上邀我们一起跳舞，为我们做饭的炊事员还为考古发掘队洗衣服，建安同志的心情很快就好转了起来。当时协助发掘的社员一天才2元工资，我见她们还承担了锄头、铲、畚箕等用具，就将每天工资提高到2.5元，这样提高一点点待遇让她们参加发掘工作更为积极主动。有的村民晚上煮了糖水，还叫考古发掘队去吃。可以说，虽只有短短的一个多月时间，我们和村民却有了深厚的感情。发掘出土的遗物是请人帮忙挑到镇上，再用拖拉机运到县里的。后来我执笔编写了《广东大埔县古墓葬清理简报》一文，发表在《文物》1991年11期，对墓葬出土情况作了简单的报告。其实，1962年文物工作者在大埔县已经发现了浮滨文化的遗物，但限于条件,当时未分辨出来,只是归入新石器时代。直到清理出枫朗这批墓葬,遗物较为单纯,才分辨属于浮滨文化遗存。

1995年9、10月间,我与中山大学冯永驱副教授带领考古专业的学生辛伟贤、陈桑平、李琨、李历松、王培芝、温志昌等(图一),到普宁市下架山镇汤坑水库东侧的牛伯公山遗址进行考古发掘。当时就住在山上汤坑水库的房子里,并请山下的汤坑村派人做饭,其他后勤工作主要由普宁市博物馆吴雪彬馆长和陈晓纯承担,如购买发掘及生活用品,到照相馆冲洗照片等。因为离城区及镇区较远,条件是比较艰苦的。中山大学曾骐教授和广东省文物考古研究所领导也到遗址现场指导发掘工作(图二)。这是广东省首次对浮滨文化遗址进行考古发掘,面积仅300平方米(图三),但取得了重要的成果。发现灰坑16个,沟少量,柱子洞若干,红烧土居住面残迹1处(图四),出土一批浮滨文化遗物,有陶尊、罐、带流罐、钵、杯、釜、器盖、器座、支脚、拍、纺轮等;原始瓷尊、豆;石戈、矛、镞、凿、刀、环、锤、砺石等;玉器仅见玦。重要的是发现了具有蓄水功能的坑穴(图五)。碳十四测定遗址年代为距今3 390~2 870年,大致可确定年代范围在公元前1500年~前900年之间。以往认为浮滨文化的年代为商代中晚期至西周前期,基本上是合理的。牛伯公山遗址已出现了不很规则的云雷纹,并与其他纹样形成组合,此时正处于拍印组合纹开始出现的阶段,与平远县石正陶窑出土的同类器较为相近。发掘成果整理后,我执笔编写了《广东普宁市牛伯公山遗址的发掘》考古简报,发表在《考古》1998年7期。发掘工作结束后不久,冯永驱副教授即调广州市文物考古研究所担任领导(后为所长,已退休)。参与此次发掘的学生们多不在考古岗位,如李琨曾在台山市税务局工作;王培芝曾在揭阳市国土局工作;陈桑平曾是中山大学的女足队员,又是中山大学的广播员。这些学生在考古发掘中表现很好,但未能在文博机构工作,殊为憾事。吴雪彬馆长后来任普宁市文广新局副局长(已退休),陈晓纯则还在普宁市博物馆工作。

1997年,我和中山大学人类学系曾骐教授(曾任中山大学人类学系副主任、已退休)写了《论浮滨文化》一文,专题论述了浮滨文化的发现与分布及其初步研究,后稍作补充,收入《粤地考古求索——邱立诚论文选集》;2006年12月,在潮州参加饶宗颐学术研讨会,我又撰文《再论浮滨文化》(发表在《饶宗颐学术研讨会论文集》,海天出版社,2007年),文中论述了广东与福建地区的浮滨文化遗存及其与潮汕、闽南语区的关系,对浮滨文化与古揭阳、闽南方言语区的线性关系作了深入的探讨。如今,以浮滨墓葬为代表的这类遗物已有相当的发现,浮滨文化这一考古学文化命名已得到确立,这是令我感到十分欣慰的事情。

图一　普宁牛伯公山遗址考古发掘留影
左起：李琨、陈桑平、冯永驱、邱立诚、吴雪彬、辛伟贤、李历松、温志昌、王培芝

图二　曾骐教授等指导普宁牛伯公山遗址发掘
右起：古运泉、吴雪彬、曾骐、李琨、陈桑平、王培芝、冯永驱、陈晓纯、邱立诚

图三　左面山顶部分为普宁牛伯公山遗址

图四　普宁牛伯公山遗址发掘场景之一

图五　普宁牛伯公山遗址的蓄水池及沟渠遗迹

后 记

本书在编写过程中,得到了李伯谦先生、徐天进老师、崔剑锋老师的鼓励与支持,在此表示衷心的感谢!邱立诚先生虽已退休,但作为大埔、饶平项目的亲历者,将所藏各种原始资料全部托出,为本书的编写提供了最基本的保障;广东省博物馆魏峻馆长(时任)及保管部的同行,大埔、饶平、丰顺博物馆的同行也提供了无私的帮助,借此表示谢忱!在编写过程中,得到了本所领导和同事的大力支持与帮助,也向各位表示衷心的感谢!线图描绘由广州增辉文化咨询服务有限公司朱汝田先生完成、龚海珍女士协助,并进行了修改,在此特表谢忱!

图版一 浮滨文化原始瓷的釉色（一）

▲酱色釉（大埔 M1:5）

▲酱色釉（广东省博物馆藏饶平甲 4418-1）

▲酱色偏黄绿釉（大埔 44142201-87）

◀酱色偏黄绿釉色（饶平 M11:5）

图版二　浮滨文化原始瓷的釉色（二）

1. ▲酱黑色釉（饶平 M15:16）
2. ▲酱黑色釉（饶平 FB061-2） 
3. ▲上厚下薄（广东省博物馆藏甲 4421-1） 
4. ▲近底部未见釉（广东省博物馆藏甲 4421-3） 
5. ▲底部烧结物（大埔 DBT000016-2） 
6. ◀烧制变形（大埔 M19:3）

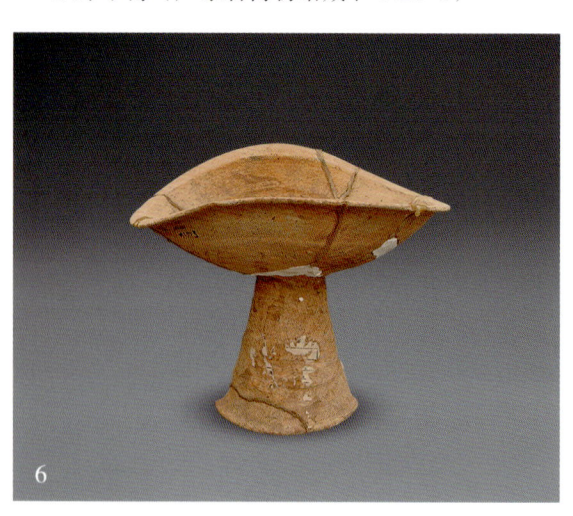

图版三　饶平 M1 器物（一）

1

3

2

4

▲ M1:8

▲ M1:14

图版四　饶平 M1 器物（二）

1

3

2

▲ M1:18

4

▲ M1:21

图版五　饶平M1器物（三）

▲ M1:29

▲ M1:9

图版六　饶平 M1 器物（四）

▲ M1:20

▲ M1:27

▲ M1:11

图版七　饶平 M1 器物（五）

1

2
▲ M1:?B

3
▲ M1:31

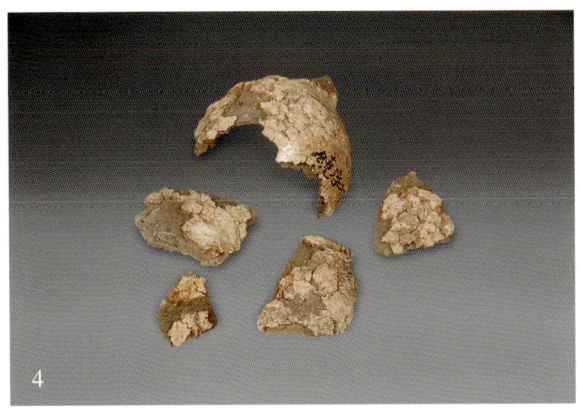

4
▲ M1:?A

5
▲ M1:?C

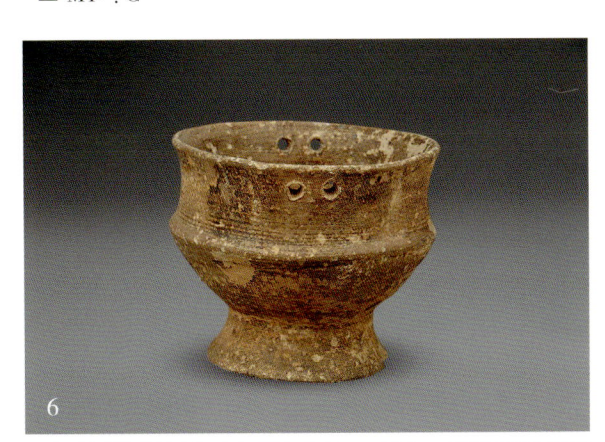

6

7
M1:25 ▶

图版八　饶平 M1 器物（六）

1　▲ M1:22

2　▲ M1:32

3　▲ M1:28

4　▲ M1:24

5　▲ M1:30

6　▲ M1:36

图版九　饶平 M2 器物（一）

▲ M2:1

▲ M2:4

图版一〇 饶平 M2 器物（二）

◀ M2:12

M2:5 ▶

图版一一 饶平 M2 器物（三）

▲ M2:2

▲ M2:11

图版一二　饶平 M2 器物（四）

1　▲ M2:6
2　▲ M2:13
3　▲ M2:14
4
5　▲ M2:7
6　▲ M2:8

图版一三 饶平 M3 器物（一）

▲ M3:4

M3:5 ▶

图版一四 饶平M3器物（二）

1 ▲ M3:2

2 ▲ M3:3

3 ◀ M4:6

图版一五　饶平M4器物（一）

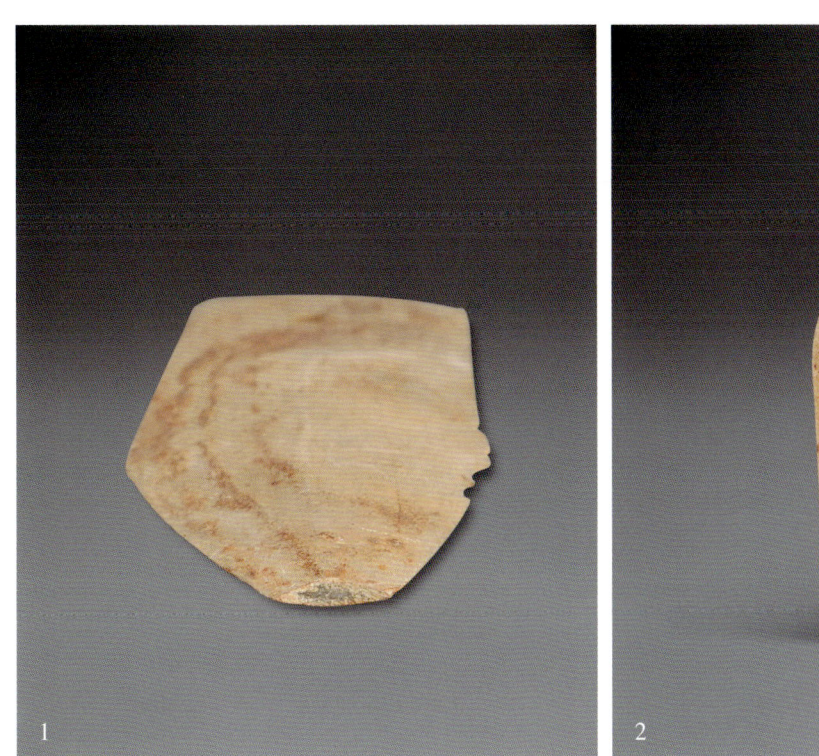

1

▲ M4:？A

2

3

4

▲ M4:？B
◀ M4:4

图版一六 饶平 M4 器物（二）

◀ M4:1
▲ M4:2

图版一七　饶平 M6 器物（一）

1

2

▲ M6:3

图版一八　饶平 M6 器物（二）

1 ▲ M6:6

2

3 ◀ M6:7

4 ▲ M6:9

5 ▲ M6:8

图版一九　饶平 M8 器物（一）

1　▲ M8:6

2　▲ M8:7A

3

4　▲ M8:1

图版二〇　饶平 M8 器物（二）

▲ M8:11

▲ M8:14

M8:?B ▶

图版二一　饶平 M8 器物（三）

1

▲ M8:16

2

▲ M8:15

3

4
▲ M8:10

5

6
▲ M8:12

图版二二　饶平 M8 器物（四）

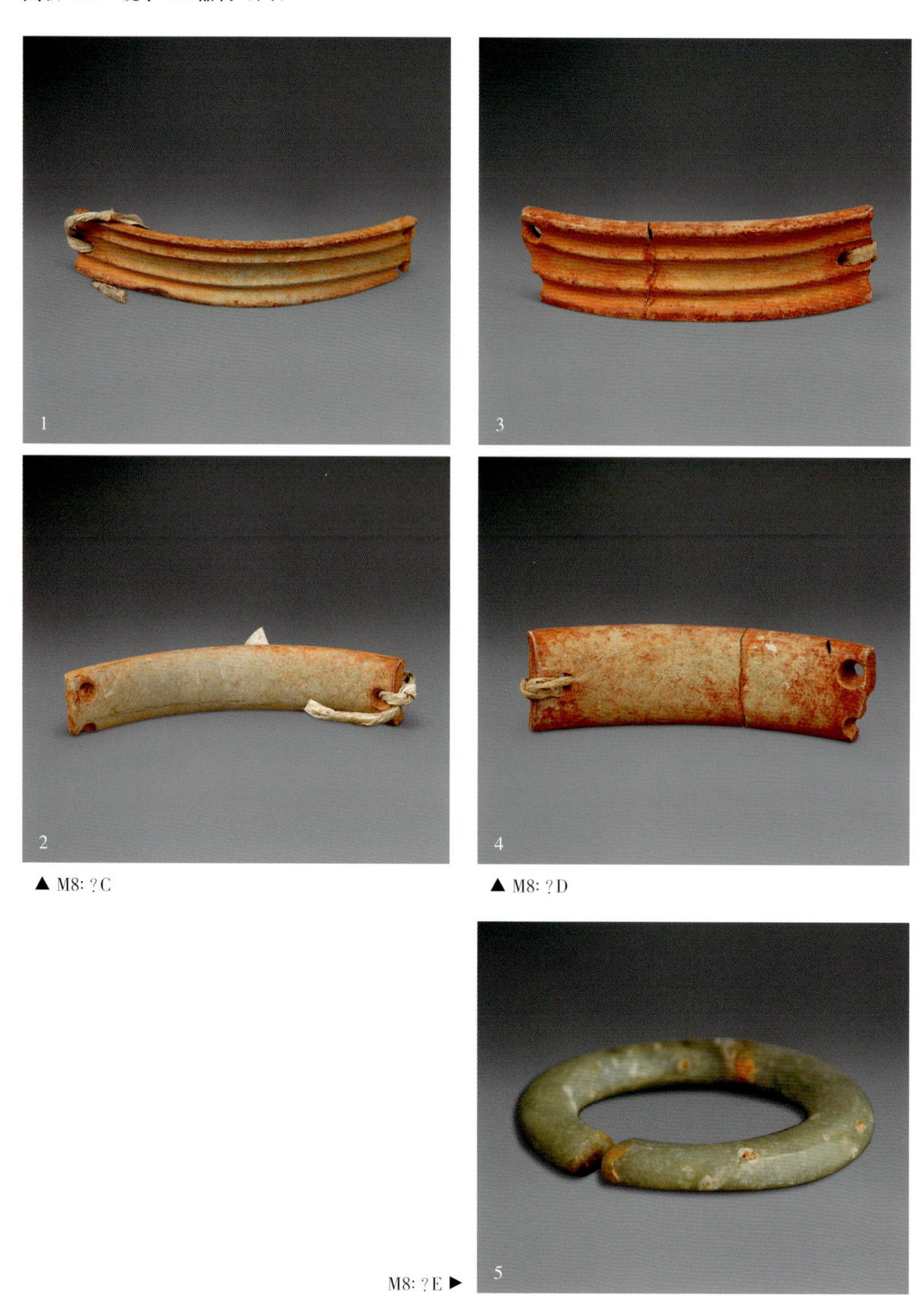

▲ M8:?C

▲ M8:?D

M8:?E ▶

图版二三　饶平 M9 器物（一）

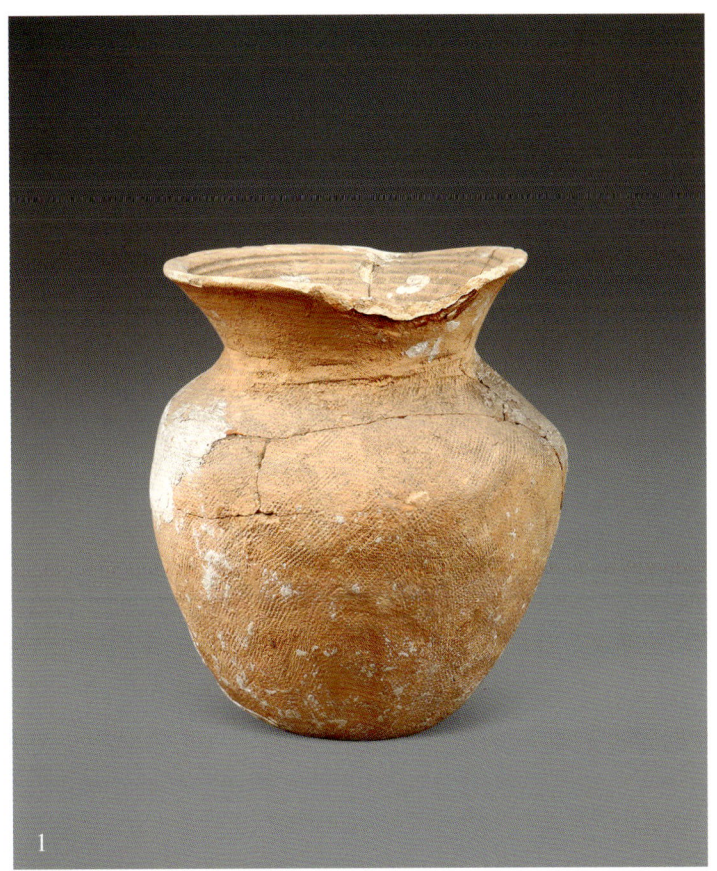

1

2

M9:1 ▶

图版二四　饶平 M9 器物（二）

1　▲ M9:7

2　▲ M9:8

3　▲ M9:5

4　▲ M9:2

图版二五　饶平M9器物（三）

1
▲ M9:11

2
▲ M9:4

3
▲ M9:9

4
▲ M9:3

5
M9:？A ▶

图版二六　饶平 M10 器物

1
▲ M10:？A

2
▲ M10:？B~D

图版二七　饶平 M11 器物（一）

1

▲ M11:5

2

3

图版二八　饶平 M11 器物（二）

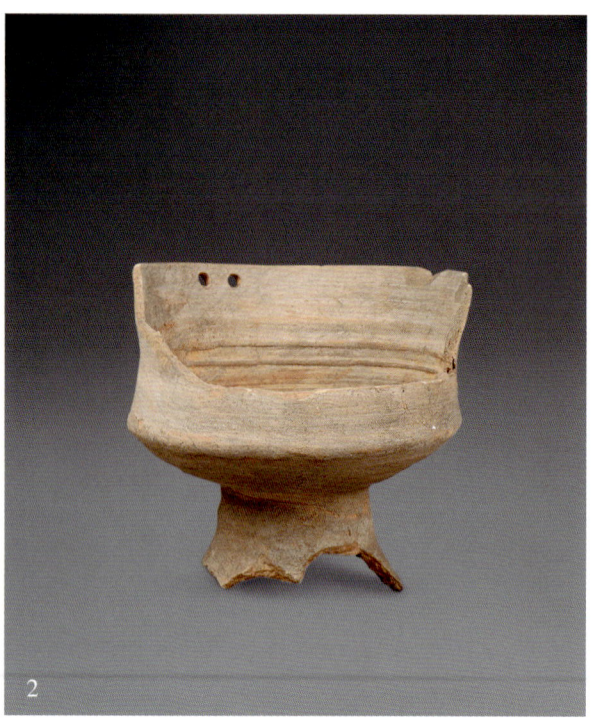

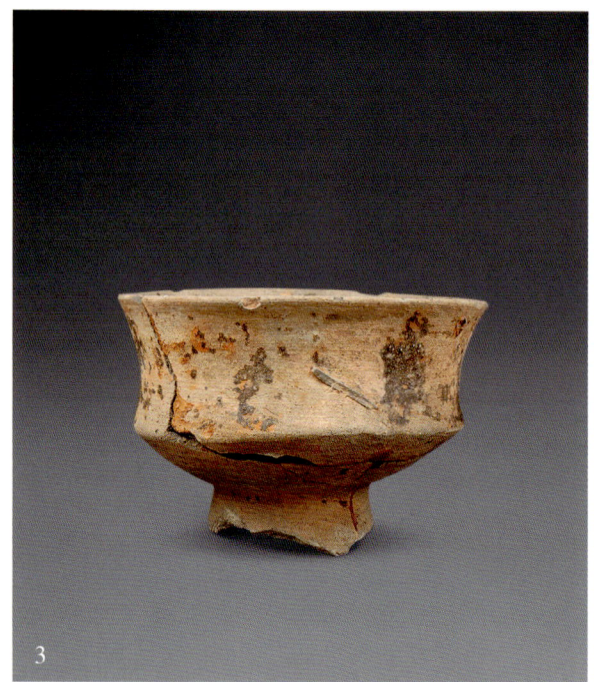

◀ M11:？A

M11:4 ▶

图版二九　饶平M11器物（三）

1 ▲ M11:17

2 ▲ M11:?B

3 ▲ M11:?C

4 ▲ M11:9

图版三〇 饶平M11器物（四）

1　2
▲ M11:12

3　4
▲ M11:14

图版三一 饶平 M11 器物（五）

1 ▲ M11:16

2

3 ▲ M11:13

4 ▲ M11:10

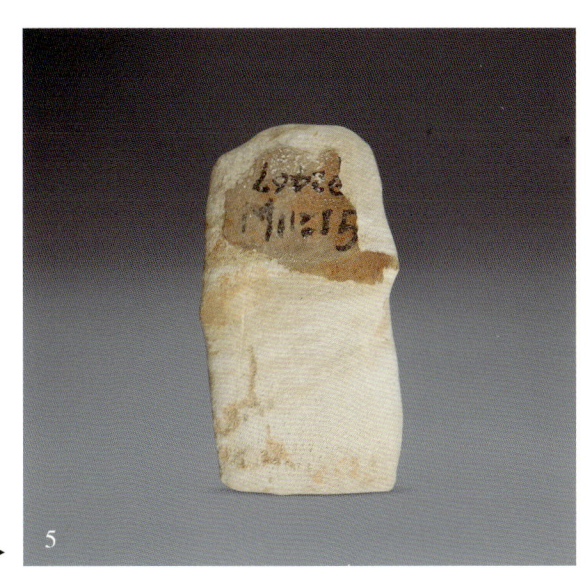

5 M11:15 ▶

图版三二　饶平 M13 器物

▲ M13: ? A

图版三三　饶平 M14 器物（一）

M14:1 ▶ 1

2

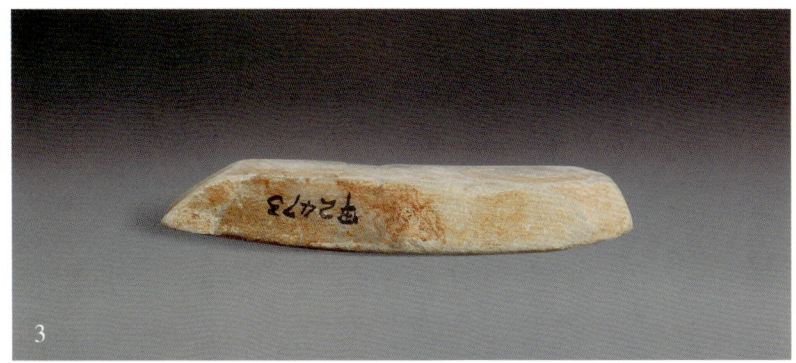

3

M14:2 ▶ 4

图版三四　饶平 M14 器物（二）

▲ M14:？A

▲ M14:5

◀ M14:3

图版三五　饶平 M15 器物（一）

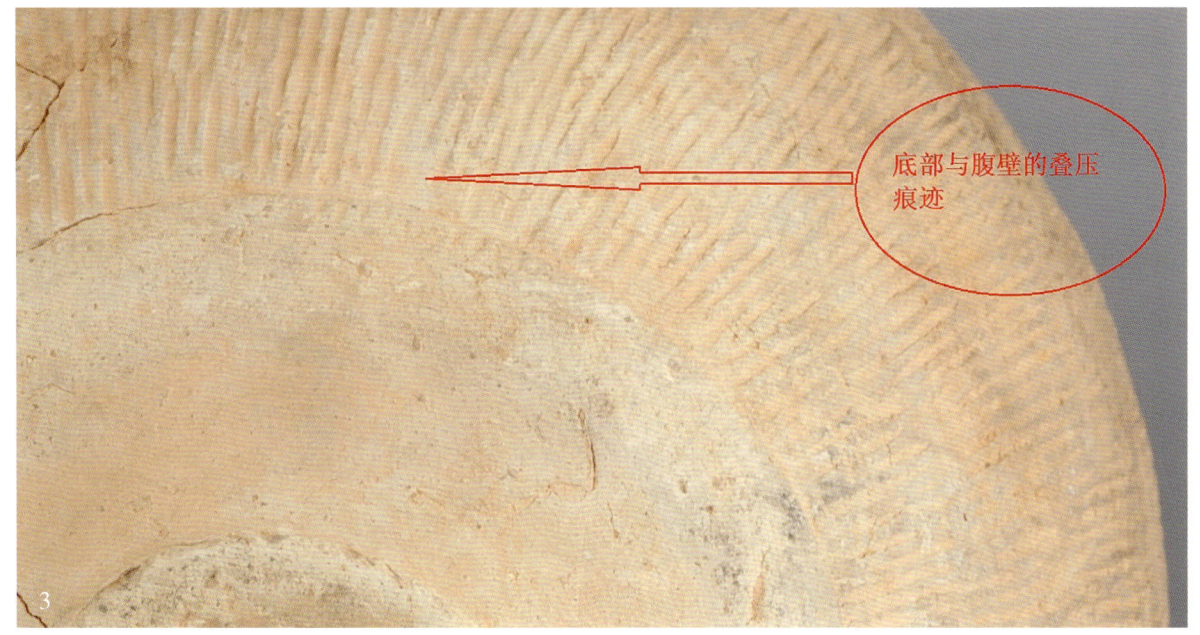

底部与腹壁的叠压痕迹

▲ M15:？A

图版三六　饶平 M15 器物（二）

▲ M15:？B

▲ M15:4

图版三七 饶平 M15 器物（三）

4
▲ M15:14

5
▲ M15:？C

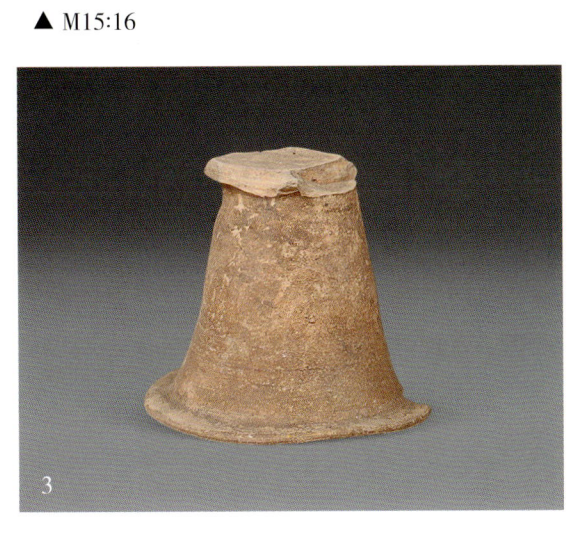

6
▲ M15:？D

1

2
▲ M15:16

3
◀ M15:8

图版三八　饶平 M16 器物（一）

▲ M16:6

▲ M16:?A

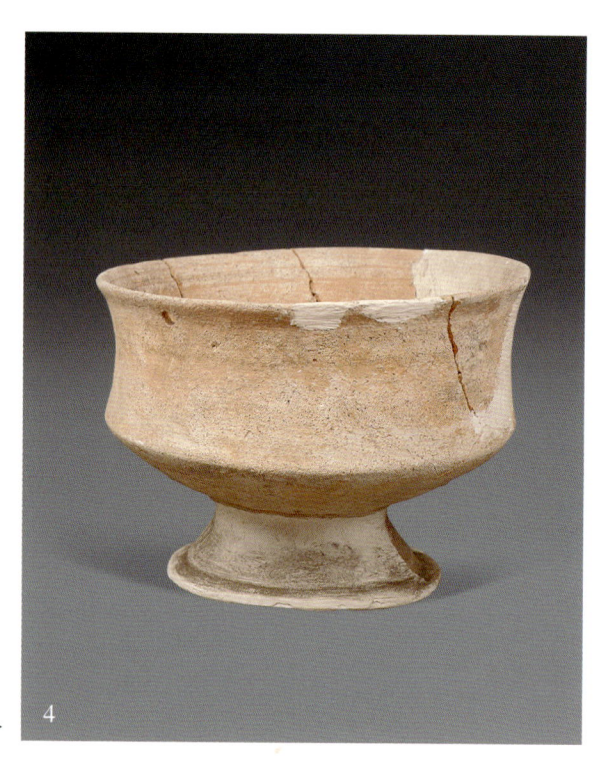

M16:8 ▶

图版三九　饶平 M16 器物（二）

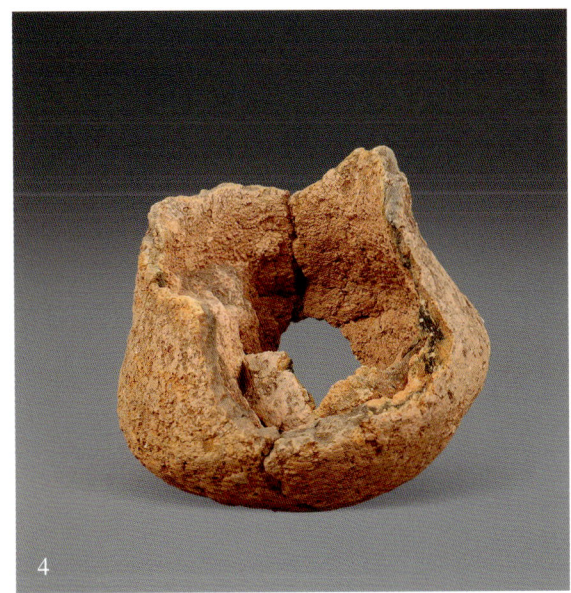

▲ M16:？B

▲ M16:？C

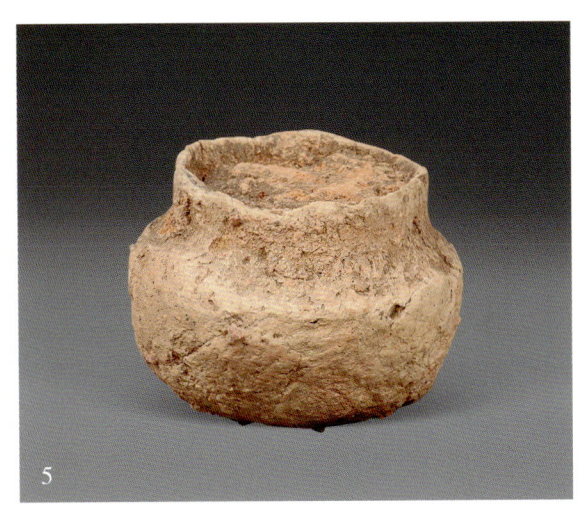

▲ M16:10

▲ M16:11

▲ M16:12

图版四〇　饶平 M16 器物（三）

1
2
▲ M16:1

3
4
▲ M16:3

5
6
▲ M16:？D

图版四一　饶平 M17 器物

▲ M17:？A

▲ M17:？B

M17:？C ▶

图版四二　饶平M18器物

▲ M18: ?A

▲ M18: ?B

图版四三 饶平 M19 器物

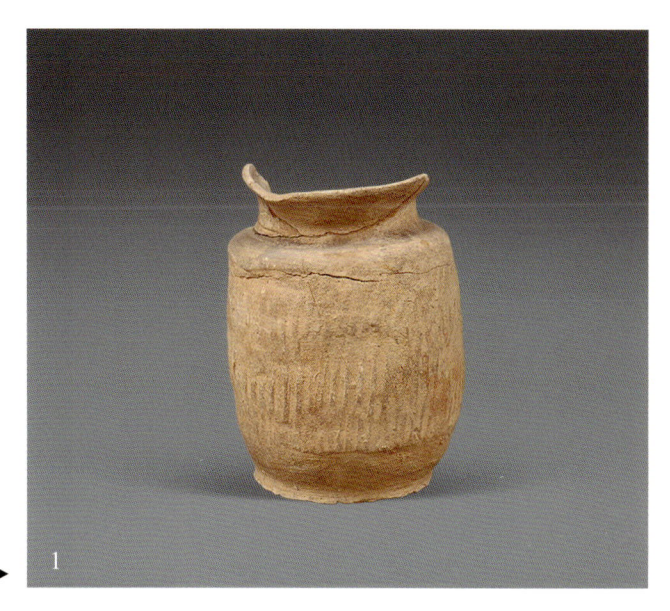

M19: ?A

M19: ?B

M19: ?C

图版四四　饶平 M20 器物

1

3

2

4

▲ M20: ?A　　　　　　　　　　　　▲ M20: ?B

5

◀ M20: ?C

图版四五　饶平 M21 器物

▲ M21:?A

▲ M21:?B

图版四六 大埔 M1 器物

1 ▲ M1:3
2
3
4 ◀ M1:5 
5 ▲ M1:2

图版四七　大埔M2、M3清理图

1 ▲ M2

2 ▲ M3

图版四八　大埔M4清理图和器物

1

◀ M4清理图

2

3

M4:2 ▶

图版四九　大埔 M5 器物

M5:1 ▶

图版五〇　大埔 M6、M7 清理图

1

▲ M6

2

▲ M7

图版五一　大埔 M7 器物

▲ M7:4

▲ M7:2

图版五二　大埔 M8、M9 清理图

▲ M8

▲ M9

图版五三　大埔 M10 清理图和器物

▲ M10 清理图

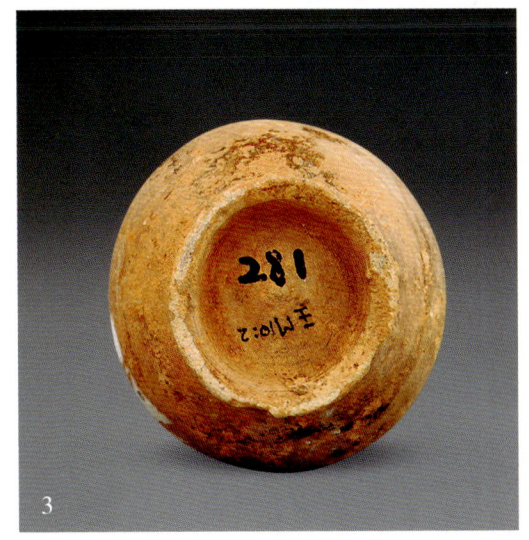

▲ M10:2

◀ M10:3

图版五四　大埔 M11、M12 清理图和器物

▲ M11 清理图

▲ M12 清理图

◀ M12:1

图版五五　大埔 M13 清理图和器物

▲ M13 清理图

▲ M13:2

M13:1 ▶

图版五六　大埔 M14 清理图和器物

▲ M14 清理图

M14:3 ▶

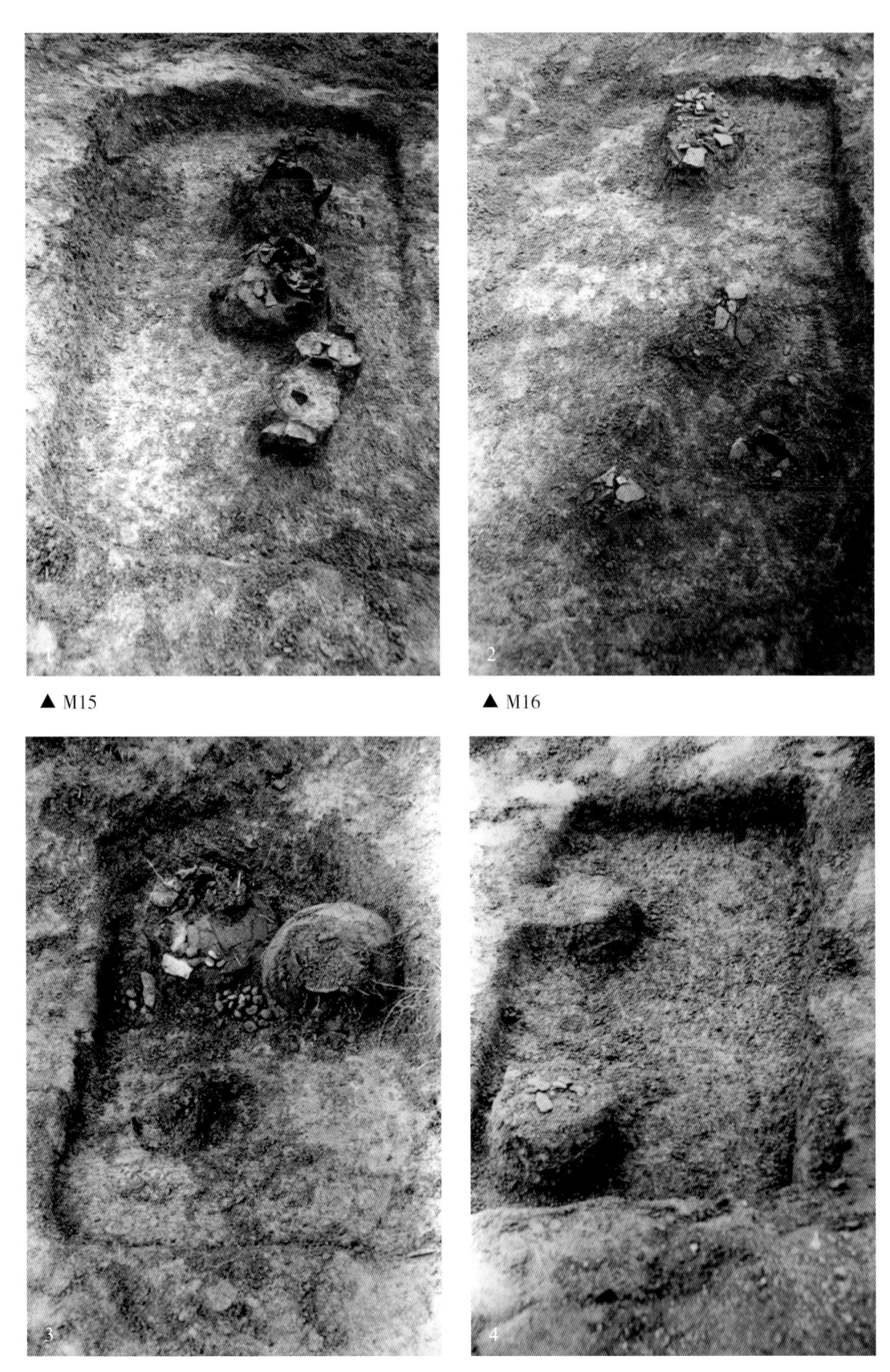

图版五七　大埔 M15、M16、M17、M18 清理图

▲ M15

▲ M16

▲ M17

▲ M18

图版五八　大埔 M19 清理图和器物

1　◀ M19 清理图

M19:3 ▶　2

图版五九　大埔 M20 清理图和器物

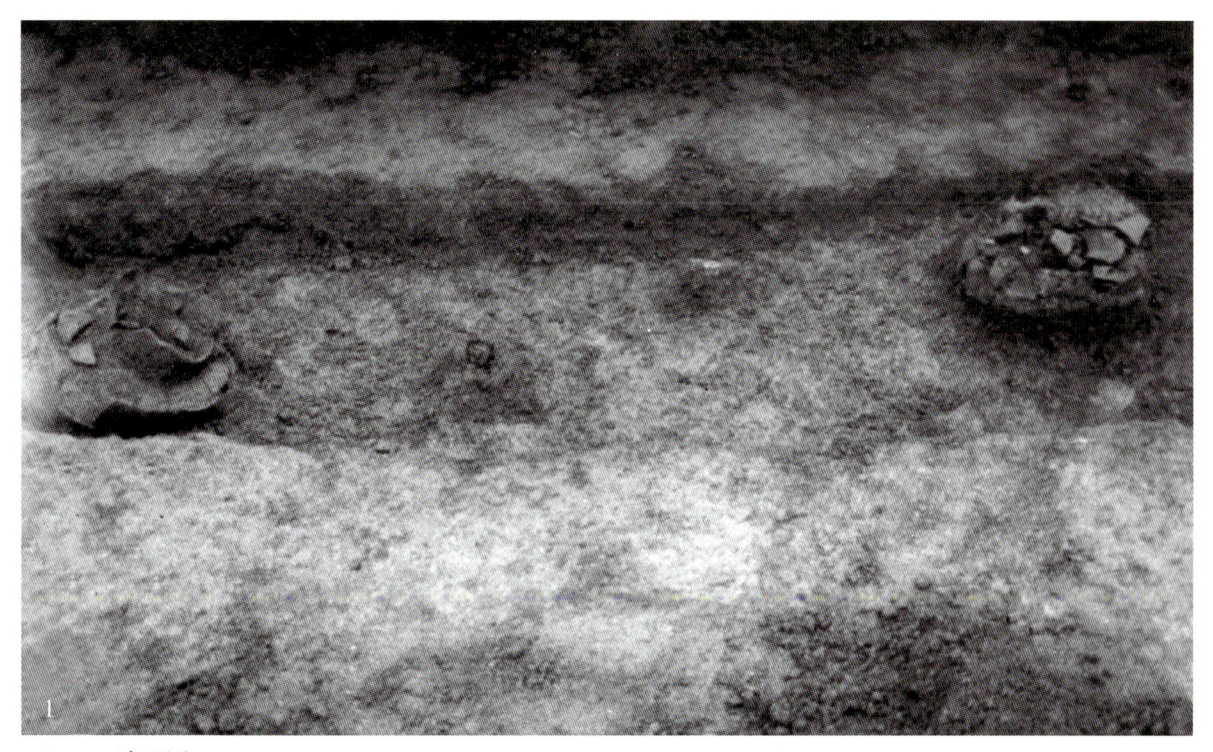

▲ M20 清理图

▲ M20:3

▲ M20:6

▲ M20:19

图版六〇 大埔 M21、M22 清理图

1 ◀ M21

M22 ▶ 2

图版六一　饶平县博物馆藏标本·尊（一）

1
▲ FB073

2

3
FB074 ▶

图版六二　饶平县博物馆藏标本·尊（二）

◀ FB069

图版六三 饶平县博物馆藏标本·尊（三）

▲ FB067

图版六四　饶平县博物馆藏标本·尊（四）

FB068

图版六五　饶平县博物馆藏标本·尊（五）

FB070

图版六六　饶平县博物馆藏标本·尊（六）

◀ FB071

图版六七　饶平县博物馆藏标本·豆

1

FB057 ▶ 2

图版六八　饶平县博物馆藏标本·带把壶（一）

FB059

图版六九　饶平县博物馆藏标本·带把壶（二）

▲ FB066

图版七〇　饶平县博物馆藏标本·圈足壶（一）

▲ FB061

图版七一　饶平县博物馆藏标本·圈足壶（二）

FB064

图版七二　饶平县博物馆藏标本·折肩罐（一）

1

3

2
▲ FB049

4
▲ FB050

图版七三　饶平县博物馆藏标本·折肩罐（二）

▲ FB051

▲ FB065

图版七四　饶平县博物馆藏标本·葫芦领罐

◀ FB058

FB065 ▶

图版七五　饶平县博物馆藏标本·钵

▲ FB046

▲ FB047

▲ FB055

图版七六　饶平县博物馆藏标本·小壶、小釜

1

▲ FB060

2

3

▲ FB063

4

◀ FB052

图版七七　饶平县博物馆藏标本·矛、戈

1　▲ FB001

2

3

4

5

6　▲ FB004

◀ FB038

图版七八　饶平县博物馆藏标本·戈

1
▲ FB007

2
▲ FB008

3
▲ FB010

4
▲ FB014

5
FB023 ▶

图版七九　饶平县博物馆藏标本·戈、环

▲ FB037

FB044 ▶

图版八〇　广东省博物馆藏标本·尊

▲甲 5272

◀甲 4418

图版八一　广东省博物馆藏标本·豆

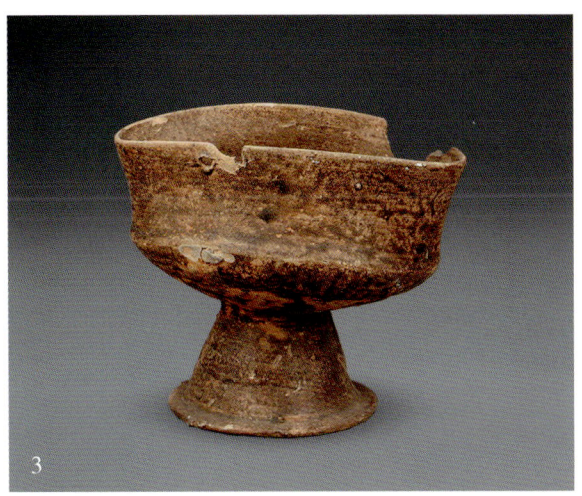

▲甲 5267

甲 5269 ▶

图版八二 广东省博物馆藏标本·豆、带把壶

甲 5270 ▶

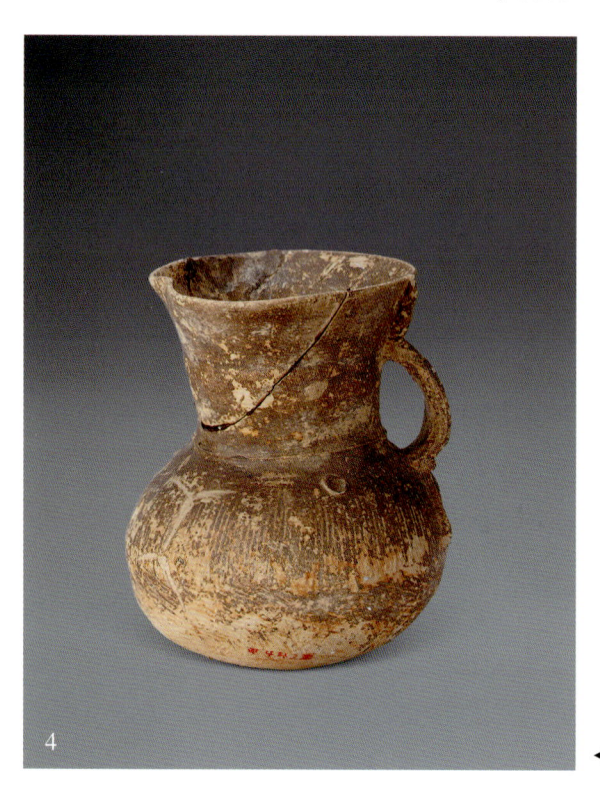

◀ 甲 4422

图版八三　广东省博物馆藏标本·带把壶、圈足壶

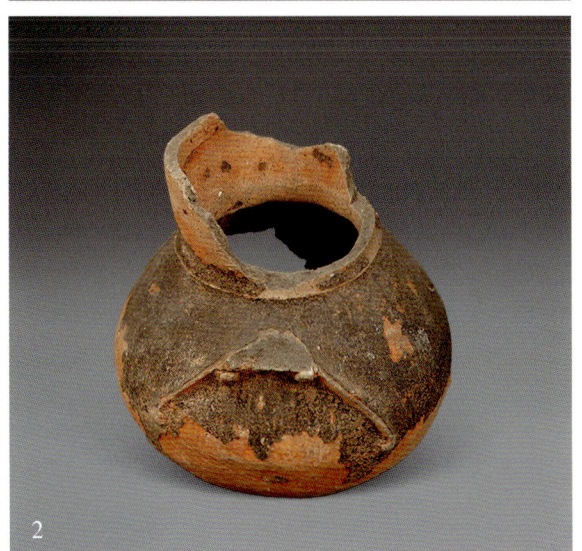

▲甲 5274

◀甲 5275

图版八四　广东省博物馆藏标本·壶

1

2

3

◀甲 4421

图版八五　广东省博物馆藏标本·壶、罐

▲甲 5265

甲 5277 ▶

图版八六　广东省博物馆藏标本·矛、戈

1　◀甲 4416

2　◀甲 4410

3　◀甲 5198

4　◀甲 5200

图版八七　广东省博物馆藏标木·戈

甲 5204 ▶ 1

甲 5205 ▶ 2

甲 5201 ▶ 3

甲 5207 ▶ 4

图版八八　广东省博物馆藏标本·锛（一）

▲甲 5218

▲甲 5221

图版八九　广东省博物馆藏标本·锛（二）

1　2
▲甲 5223

3　4
▲甲 5228

图版九〇　广东省博物馆藏标本·砺石、铜戈

1

◀甲 4420

2

▲甲 4409

图版九一　大埔县博物馆藏标本·尊（一）

▲ DBT001781

▲ DBT000015

图版九二　大埔县博物馆藏标本·尊（二）

▲ DBT000016

44142201-70 ▶

图版九三　大埔县博物馆藏标本·壶（一）

▲ 44142201-71
◀ 44142201-78

图版九四　大埔县博物馆藏标本·壶（二）

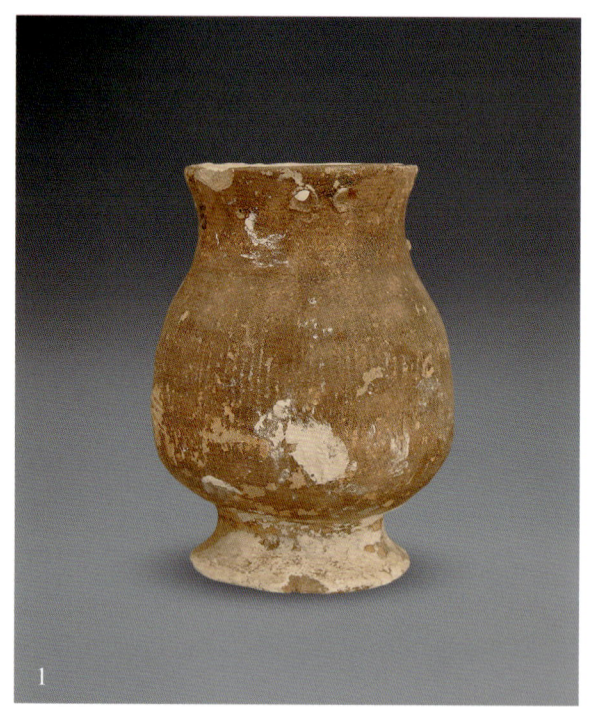

1

2

▲ 44142201-75

3

4

5

44142201-76 ▶

图版九五 大埔县博物馆藏标本·壶（三）

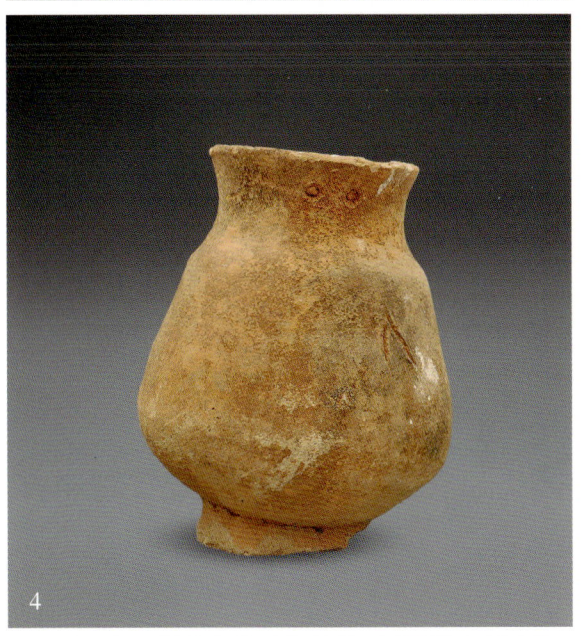

▲ 44142201-93

44142201-94 ▶

图版九六　埔县博物馆藏标本·壶（四）

▲ 44142201-95

▲ 44142201-97

图版九七　大埔县博物馆藏标本·壶（五）

▲ 44142201-90

▲ 44142201-92

图版九八　大埔县博物馆藏标本·壶、葫芦领罐

▲ 44142201-72

◀ 44142201-98

图版九九　大埔县博物馆藏标本·豆（一）

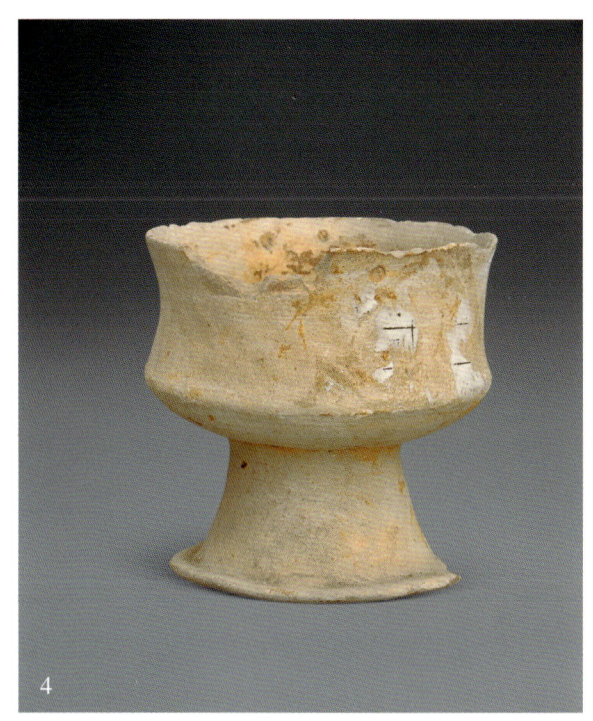

▲ 44142201-89

◀ 44142201-87

图版一〇〇　大埔县博物馆藏标本·豆（二）

▲ 44142201-85

44142201-82 ▶

图版一〇一 大埔县博物馆藏标本·豆（三）

44142201-84 ▶

图版一○二　大埔县博物馆藏标本·豆、钵

▲ 44142201-77

◀ 44142201-88

图版一〇三　大埔县博物馆藏标本·戈

1　▲ 44142201-21

2　▲ 44142201-22

44142201-173 ▶　3

图版一〇四　大埔县博物馆藏标本·矛、戈